INTRODUÇÃO AO PENSAMENTO POLÍTICO DE MAQUIAVEL

✳ ✳ ✳

Lauro Escorel

INTRODUÇÃO AO PENSAMENTO POLÍTICO DE MAQUIAVEL

3ª edição

Introdução de Rafael Salatini

FGV EDITORA | Ouro Sobre Azul | Rio de Janeiro 2014

A Augusto Frederico Schmidt, ao poeta e amigo.

ÍNDICE

✳ **INTRODUÇÃO**
Rafael Salatini 7

✳ **PREFÁCIO** 29

✳ PRIMEIRA PARTE
VIDA (SÍNTESE HISTÓRICO-BIOGRÁFICA)

Capítulo primeiro	41
Capítulo segundo	51
Capítulo terceiro	61
Capítulo quarto	71
Capítulo quinto	89
Capítulo sexto	107
Capítulo sétimo	115
Capítulo oitavo	123

✳ **SEGUNDA PARTE**
O PENSAMENTO POLÍTICO

Capítulo nono	153
Capítulo décimo	163
Capítulo décimo primeiro	173
Capítulo décimo segundo	195
Capítulo décimo terceiro	213
Capítulo décimo quarto	231
Capítulo décimo quinto	253
Capítulo décimo sexto	273
Conclusões	295

✳ **BIBLIOGRAFIA** 304

✳ **APÊNDICE**
MAQUIAVEL E O PENSAMENTO POLÍTICO
Lauro Escorel 307

✳ INTRODUÇÃO

Rafael Salatini
Doutor em ciência política | FFLCH-USP
Professor de ciência política | Unesp-Marília | 2013

1. MAQUIAVEL AO LONGO DOS SÉCULOS ✳ Nicolau Maquiavel é um dos maiores pensadores políticos modernos, e, como tal, seu pensamento tem sido avaliado, positiva ou negativamente (conforme o juízo de valor envolvido), ao longo exatamente – neste ano em que se comemoram quinhentos anos da escrita de *O príncipe* (1513) – dos últimos quinhentos anos. Digamos: desde *Considerazioni intorno ai Discorsi del Machiavelli sulla prima deca di Tito Livio* (1529) de Francesco Guicciardini até *Über Machiavelli als Schriftsteller* (1807) de J. G. Fichte, entre aqueles que o avaliaram positivamente, e desde *Discours sur les moyens de bien gouverner et maintenir en bonne paix um Royaume ou autre Principauté*, cujo subtítulo diz simplesmente *Contre Nicolas Machiavel Florentin* (1576), de Innocent Gentillet até *Anti-Maquiavel* (1740 [corrigido por Voltaire nas duas primeiras edições e reeditado com o texto original em 1847]) de Frederico II,[1] entre aqueles que o avaliaram negativamente. Dessa forma, as interpretações sobre

1. Cf. V. Taborda, *Maquiavel e antimaquiavel*. Coimbra: s. n., 1939 (153 p.).

Maquiavel, ora positivas ora negativas, atravessariam os séculos, até chegarem ao Brasil.

No século XVI, Jean Bodin havia identificado Maquiavel com os teóricos das tiranias, afirmando, no prefácio de seus *Seis livros da república* (1576), que "temos como exemplo um Maquiavel que teve sua voga entre os mercadejadores de tiranos" e que Maquiavel "pôs, como os dois fundamentos das repúblicas, a impiedade e a injustiça, acusando a religião como contrária ao Estado".[2] Enquanto Giovanni Botero (que também identificaria o pensador florentino como um teórico das tiranias) alocaria Maquiavel como um dos fundadores da teoria da razão de Estado,[3] afirmando, também no prefácio de seu *Das razões de Estado* (1589), que "nelas [nas cortes reais], entre outras coisas por mim observadas, muitíssimo me admirou ouvir mencionar a toda a hora a razão de Estado e, a este propósito, citar [...] Maquiavel [...] por dar preceitos respeitantes ao governo e domínio dos povos", e que, "assim, tendo começado a dar uma vista de olhos a um e

2. J. Bodin, *Os seis livros da república – Livro primeiro*, tradução J. C. O. Morel, rev. J. I. C. Mendes Neto. São Paulo: Ícone, 2011, p. 61-62.

3. Cf. F. Meinecke, *La Idea de la Razón de Estado en la Edad Moderna*, tradução F. G. Vicen. Madri: Centro de Estudios Constitucionales, 1983, p. 466.

outro autor, verifiquei que, afinal, Maquiavel fundamenta a razão de Estado na pouca consciência".[4]

Por outro lado, Montaigne, prezando pelo ceticismo e pelo relativismo político, escreveria em seus *Ensaios* (publicados em 1580 [livros I e II], 1588 [livro III]) que "os princípios de Maquiavel são, por exemplo, bastante sérios a esse respeito [sobre os negócios da política serem incertos], e no entanto têm sido facilmente refutados, e os que os refutam apresentam razões igualmente refutáveis".[5] E também Francis Bacon, grande leitor de Maquiavel, afirmaria nos seus *Ensaios* (1597 [1ª ed.], 1625 [2ª ed.]): "E um dos doutores da Itália, Nicolau Maquiavel, teve a audácia de dizer por escrito, quase em termos ostensivos, 'que a fé cristã havia entregue as boas pessoas à mercê das injustas e tirânicas'; com isto quis ele dizer que nunca houve lei, seita ou doutrina que tanto exaltasse a caridade como, de fato, a religião cristã"; e, mais à frente: "Eis por que, como Maquiavel muito bem notou (ainda que num exemplo mal-inspirado), ninguém deve confiar na força da nature-

4. J. Botero, *Da razão de Estado*, tradução R. L. Ralha. Coimbra: Instituto Nacional de Investigação Científica, 1992, p. 1.

5. M. Montaigne, *Os ensaios*, tradução R. C. Abílio. São Paulo: Martins Fontes, 2000, p. 301.

za, nem na jactância das palavras, se não estiverem corroboradas pelo hábito".[6]

No século XVII, um dos maiores entusiastas de Maquiavel seria Espinoza, que escreveria, em seu inacabado *Tratado político* (1677): "Após ter exposto os princípios fundamentais dos dois tipos de Estado aristocrático, resta procurar se existe alguma causa interior que possa levar à dissolução de semelhante regime ou à sua transformação. A primeira causa possível de dissolução é a que observa o agudíssimo florentino [Maquiavel] no seu primeiro discurso sobre o terceiro livro de Tito Lívio: num Estado, como no corpo humano, há certos elementos que se ligam aos outros e cuja presença requer, de quando em quando, um tratamento clínico; é, portanto, necessário, diz ele [Maquiavel], que por vezes uma intervenção recupere o Estado para os princípios sobre os quais está fundado"[7] (X, § 1º). Também Pierre Bayle escreveria em seu *Dicionário histórico e crítico* (1696-1697): "É surpreendente o pequeno número de pessoas a não considerarem que Maquiavel ensina aos príncipes uma política perigosa; pois, ao contrário, são os príncipes que ensinam a Maquiavel

6. F. Bacon, *Ensaios*, tradução A. Ribeiro. Lisboa: Guimarães, 1992, p. 65 e p. 144, respectivamente.

7. B. Espinosa, *Tratado político*, tradução M. Castro. [Lisboa]: Estampa, 2004, p. 138.

o que ele escreveu. Os mestres de Maquiavel foram o mundo e o que nele se passa e não uma meditação oca de gabinete. Que queimem seus livros, ou os rejeitem, ou os traduzam ou os comentem, nada disso alterará o governo. Em virtude de uma infeliz e funesta necessidade, é preciso que a política se eleve acima da moral".[8]

No século XVIII, Montesquieu ainda escreveria em *O espírito das leis* (1748) que "Maquiavel só pensava em seu ídolo, o duque de Valentinois [César Bórgia]"[9] (XXIX, XIX). Enquanto Rousseau afirmaria em *O contrato social* (1762) que, "fingindo dar lições aos reis, [Maquiavel] deu--as, e grandes, aos povos" e que "*O príncipe* de Maquiavel é o livro dos republicanos" (III, VI), completando, numa nota acrescentada na edição de 1782, com o seguinte parecer: "Maquiavel era um homem honrado e um bom cidadão, mas, ligado à casa dos Medicis, via-se obrigado, diante da opressão de sua pátria, a dissimular seu amor pela liberdade. A simples escolha de seu execrável herói deixa manifesta sua intenção secreta, e a oposição dos preceitos de seu livro *O príncipe* aos de seus discursos sobre Tito Lívio e de

8. Citado em A. Grosrichard, *Estrutura do harém – Despotismo asiático no Ocidente clássico*, tradução L. H. Caldas. São Paulo: Brasiliense, 1988, p. 70 (nota 78).

9. Montesquieu, *O espírito das leis*, tradução C. Murachco. São Paulo: Martins Fontes, 1996 [2000], p. 616.

sua *História de Florença* demonstra que esse político profundo só teve até aqui leitores superficiais ou corrompidos. A corte de Roma proibiu severamente o seu livro, creio. É essa corte que ele descreve mais claramente"[10] (III, VI).

No século XIX, Maquiavel seria utilizado pelos diversos teóricos do nacionalismo e das lutas políticas da época, como Hegel, que se inspiraria nos capítulos finais de *O príncipe* para escrever seu texto juvenil *A constituição da Alemanha* (escrito entre 1799-1802 e publicado em 1893), e J.G. Fichte, que escreveria um panfleto nacionalista chamado *Sobre Maquiavel como escritor* (1807). Dizia Hegel: "A obra de Maquiavel permanecerá como um grande testemunho, tanto de seu tempo como de sua própria fé em que o destino de um povo que apressa sua decadência política pode se salvar graças ao gênio".[11] Dizia Fichte: "Maquiavel repousa inteiro sobre a vida efetiva e a imagem dela, a história; e tudo aquilo que o mais fino, o mais abrangente entendimento e sabedoria prática da vida e do governo são capazes de introduzir na história e, por isso mesmo, desentranhar novamente dela, ele o executa exemplarmente e, como estamos inclinados a acreditar,

10. J. -J. Rousseau, *O contrato social*, tradução A. P. Danesi, rev. E. D. Heldt. São Paulo: Martins Fontes, 2006, p. 89 e p. 89 (nota), respectivamente.
11. G. W. F. Hegel, *La constitución de Alemania*, tradução D. N. Pavon. Madri: Aguilar, 1972, p. 125.

de maneira privilegiada em relação aos outros escritores modernos de sua espécie".[12]

Sob outro ponto de vista, exposto numa carta a Engels datada de 25 de setembro de 1857, tratando de assuntos de estratégia militar, Marx escreveria: "A propósito, Maquiavel descreve com muita graça, em sua *História de Florença*, como os *condottieri* [comandantes militares] combatiam. (Retirarei esse trecho, para você. Ou melhor, levarei o livro de M[aquiavel] quando for visitá-lo [...]. A *História de Florença* é uma obra magistral.)"[13] O interesse de Marx por Maquiavel seria respaldado por Engels nos mesmos termos, o qual escreveria, no prefácio a *A dialética da natureza* (1883), que "Maquiavel foi homem de Estado, historiador, poeta, além de ter sido o primeiro escritor militar digno de menção dos tempos modernos".[14]

Por sua vez, e contrariamente, Durkheim afirma em seu *As regras do método sociológico* (1895), tentando fugir da figura de Maquiavel, que, "assim, somente uma crítica singularmente superficial poderia considerar provado que

12. J. G. Fichte, *Pensamento político de Maquiavel*, tradução Rubens Rodrigues Torres Filho. São Paulo: Hedra, 2010, p. 19.

13. K. Marx e F. Engels, *Obras escolhidas*, tradução s. n.. São Paulo: Alfa-Ômega, p. 256, v. 3.

14. F. Engels, *A dialética da natureza*, tradução, s. n.. Rio de Janeiro: Paz e Terra, 1979, p. 16.

nossa concepção de coerção reedita as teorias de Hobbes e Maquiavel".[15]

No século XX, as imagens de Maquiavel explodiriam, reproduzindo, todavia, em grande medida as velhas imagens. Max Weber, refletindo sobre o valores mundanos vigentes no período renascentista, escreveria em seu *A ética protestante e o espírito do capitalismo* (1904-1905 [1ª versão]; 1920 [2ª versão]): "Está [o calvinismo] muito distante daquele espírito de orgulhoso mundanismo que Maquiavel expressa, relatando a fama daqueles cidadãos florentinos que, em sua luta contra o papa e sua excomunhão, mantiveram 'o amor por sua cidade acima do temor pela salvação de suas almas'";[16] repetindo em sua conferência "Ciência como vocação" (publicada em 1919): "Em bela passagem de suas *Histórias florentinas*, se exata minha lembrança, Maquiavel alude a tal situação [a tensão entre religião e política] e põe na boca de um dos heróis de Florença, que rende homenagem a seus concidadãos, as seguintes palavras: 'Eles preferiram a grandeza da cidade à salvação de suas almas'".[17]

15. E. Durkheim, *As regras do método sociológico*, tradução M. I. P. Queiroz. São Paulo: Nacional, 1990, p. 107.

16. M. Weber, *A ética protestante e o espírito do capitalismo*, tradução M. I. Q. F. Szmrecsányi/T. J. K. Szmrecsányi. São Paulo: Pioneira Thomson Learning, 2001, p. 59.

17. M. Weber, *Ciência e política – Duas vocações*, tradução L.

Dez anos depois, Max Horkheimer escreveria em sua brochura dedicada ao pensamento político burguês pré--revolucionário *Origens da filosofia burguesa da história* (1929): "A grandeza de Maquiavel reside no fato de ter reconhecido, no limiar da nova sociedade, a possibilidade de uma ciência da política, equivalente nos seus princípios à física e à psicologia modernas e de ter enunciado os seus traços gerais de um modo simples e rigoroso. Não se trata aqui de analisar quão consciente Maquiavel estava desta analogia, ou quais as motivações que sofreu, vindas da leitura de obras de escritores clássicos ou investigadores seus contemporâneos: a sua intenção está à vista".[18] Posteriormente, em *Dialética do esclarecimento* (1948), Horkheimer e Adorno citariam Maquiavel três vezes. A primeira diz: "Graças à sua inflexível organização, a conjuração dos poderosos contra o povo está tão próxima do espírito esclarecido desde Maquiavel e Hobbes quanto a república burguesa"; a segunda: "Os escritores sombrios dos primórdios da burguesia, como Maquiavel, Hobbes, Mandeville, que foram os porta-vozes do egoísmo do eu, reconheceram por isso mesmo a sociedade como o princípio destruidor e denunciaram a harmonia, antes que ela

Hegenberg/O. S. Mota. São Paulo: Cultrix, s. d., p. 120-121.

18. M. Horkheimer, *Origens da filosofia burguesa da história*, tradução M.M. Morgado. Lisboa: Presença, 1984, p. 17.

fosse erigida em doutrina oficial pelos autores luminosos, os clássicos"; e a terceira: "Ele [o cristianismo] anunciou a ordem burguesa moderna – em uníssono com o pagão Maquiavel – cantando o louvor do trabalho que, mesmo no Velho Testamento, era considerado como uma maldição".[19] Em *O discurso filosófico da modernidade* (1985), o filósofo Jürgen Habermas também afirmaria (muito proximamente aos seus mestres) que "os escritores sombrios da burguesia como Maquiavel, Hobbes e Mandeville desde sempre atraíram aquele Horkheimer influenciado por Schopenhauer".[20]

Mas o maior intérprete marxista de Maquiavel seria Antonio Gramsci, que dedicaria inúmeras páginas de seus *Cadernos do cárcere* (escritos entre 1929-1935 e publicados pela primeira vez entre 1948-1951) à compreensão da figura e das ideias de Maquiavel, afirmando, entre outras coisas, que "o caráter fundamental do *Príncipe* é o de não ser um tratado sistemático, mas um livro 'vivo', no qual a ideologia política e a ciência política fundem-se na forma dramática do mito" e que "Maquiavel é um homem in-

19. T. W. Adorno e M. Horkheimer, *Dialética do esclarecimento – Fragmentos filosóficos*, tradução G. A. Almeida. Rio de Janeiro: Jorge Zahar, 1985, p. 85, p. 89 e p. 216, respectivamente.

20. J. Habermas, *O discurso filosófico da modernidade – Doze lições*, tradução L. S. Repa/R. Nascimento. São Paulo: Martins Fontes, 2000, p. 153.

teiramente de seu tempo e sua ciência política representa a filosofia da época que tende à organização das monarquias nacionais absolutas, a forma política que permite e facilita um novo desenvolvimento das forças produtivas burguesas".[21] O último grande pensador marxista depois de Gramsci a escrever extensamente sobre o pensamento político de Maquiavel (assim como também de Spinoza e Montesquieu, entre os clássicos) foi Althusser, que lhe dedicou mais de uma obra. Em seu texto inacabado *A corrente subterrânea do materialismo do encontro* (1982), que citarei aqui, o filósofo estruturalista, assim como Horkheimer, não se furta a conceder a dignidade filosófica devida a Maquiavel, afirmando que "ao ler Maquiavel [...], quem, então, pôde acreditar que não se tratasse, sob a aparência do político, de um autêntico pensamento filosófico?"[22]

Sob outro aspecto, entre os pensadores não marxistas (ou pós-marxistas), Maurice Merleau-Ponty apresentara uma famosa conferência, chamada "Nota sobre Maquia-

21. A. Gramsci, *Cadernos do cárcere, vol. 3 – Maquiavel. Notas sobre o Estado e a política*, tradução C. N. Coutinho/M. A. Nogueira/L. S. Henriques. Rio de Janeiro: Civilização Brasileira, 2002, p. 13 e p. 30, respectivamente.

22. L. Althusser, A corrente subterrânea do materialismo do encontro, tradução M. G. Z. Fontana, *Crítica Marxista*, n. 20, abril 2005, p. 15.

vel" (1949), em que dizia: "Como compreendê-lo? Ele escreve contra os bons sentimentos em política, mas também é contra a violência. Ele tanto desconcerta os que creem no direito como na razão de Estado, pois tem a audácia de falar de virtude no mesmo momento em que fere duramente a moral ordinária. É porque ele descreve esse núcleo da vida coletiva no qual a moral pura pode ser cruel e a política pura exige algo como uma moral. Não se aceitaria um cínico que nega os valores ou um ingênuo que sacrifica a ação. Não se ama esse pensador difícil e sem ídolo".[23] Enquanto Hannah Arendt, que sempre nutriu grande simpatia pelo pensamento maquiaveliano, escrevia, em suas anotações para um curso oferecido nos EUA em 1955, o que segue: "Maquiavel ensina não a ser bom mas a agir politicamente no mundo das aparências, onde nada conta senão o que aparece. O mundo. Eis alguém que ama verdadeiramente o mundo".[24] Também Michel Foucault, em seus cursos dados no *Collège de France* entre 1975-1976, afirmava: "Pois, assim que se pensa na relação poder/guerra, poder/relações de força, imediatamente dois nomes vêm à mente: pensa-se em Maquia-

23. M. Merleau-Ponty, Nota sobre Maquiavel, tradução G. Cohn, *Lua Nova*, n. 55-56, São Paulo, 2002, p. 303.

24. H. Arendt, Notas sobre a política e o Estado em Maquiavel, tradução G. Cohn, *Lua Nova*, n. 55-56, São Paulo, 2002, p. 301.

vel, pensa-se em Hobbes. Eu gostaria de lhes mostrar que não é nada disso, e que, de fato, esse discurso histórico-político não é, e não pode ser, o da política do príncipe ou aquele, claro, da soberania absoluta; que, de fato, é um discurso que só pode considerar o príncipe uma ilusão, um instrumento ou, melhor, um inimigo".[25]

Vê-se, assim, facilmente, depois desse longo mosaico interpretativo (que, no entanto, está longe de ser exaustivo), que Maquiavel são muitos. E são muitos porque muitas foram as leituras a seu respeito: ora um Maquiavel representante dos príncipes, ora um Maquiavel representante dos povos; ora um Maquiavel representante da opressão, ora um Maquiavel representante da liberdade; ora um Maquiavel representante da política, ora um Maquiavel representante da ética; ora um Maquiavel representante do vulgo, ora um Maquiavel representante da ciência etc. Não me dediquei a apresentar os diversos comentadores de Maquiavel (de Chabod a Skinner, passando por Russo, Strauss, Lefort, Larivaille, Pocock etc.), por serem bastante conhecidos, mas não se pode dizer que entre eles esse vai e vem não se repete, como um enigma eterno. Quem seria Maquiavel? Mas termino esta seção com outra questão,

25. M. Foucault, EM DEFESA DA SOCIEDADE – *Curso no Collège de France (1975-1976)*, tradução M. E. Galvão. São Paulo: Martins Fontes, 1999, p. 69-70.

que pretendo analisar, sucintamente, na próxima: existe um Maquiavel brasileiro? A resposta, positiva e plural, é que também existem vários Maquiavel no Brasil.

2. A INTERPRETAÇÃO DE LAURO ESCOREL ✻ No Brasil, as interpretações sobre Maquiavel se acumularam especialmente ao longo do último século, dividindo-se em duas grandes fases, conforme defendi alhures,[26] uma *ensaística* e outra *acadêmica*, a primeira desenvolvida livremente por intelectuais e pensadores políticos, a segunda desenvolvida por professores e pesquisadores acadêmicos em programas de pós-graduação nacionais. Entre as obras ensaísticas, duas se destacam: *Machiavel e o Brasil* (publicada em 1931 e, novamente, em 1933) do romancista conservador Octávio de Faria[27] e *Introdução ao pensamento político de Maquiavel* (publicada em 1958 e, novamente, em 1979) do embaixador Lauro Escorel, que aqui se publica por uma terceira vez. Ainda que as duas obras possuam a curiosa semelhança de imputar a Maquiavel uma relação direta com o totalitarismo (a primeira, apologeticamente;

26. Cf. R. Salatini, Notas sobre a maquiavelística brasileira (1931-2007), *Discurso – Revista do Departamento de Filosofia da* USP, n. 41, 2011, p. 329-359.

27. Cf. M. T. A. Sadek, *Machiavel, Machiavéis: a tragédia octaviana* (*Estudo sobre o pensamento político de Octavio de Faria*). São Paulo: Símbolo, 1978 (205 p.).

a segunda, criticamente), pouca coisa mais as aproxima. Enquanto Faria escrevera uma obra nacionalista e fascista, Escorel produziu uma obra internacionalista e ideologicamente democrata, que pode ser considerada a mais importante (e crítica) obra sobre o pensamento político maquiaveliano escrita na primeira fase da maquiavelística brasileira, a qual se encerra nos anos 1990, especialmente com a publicação de *Maquiavel republicano* (1991) do professor mineiro Newton Bignotto.

Vê-se que Escorel não estava longe da verdade quando afirmara que "são tão raros, entre nós, os autores que se têm ocupado de Maquiavel",[28] motivo pelo qual justamente escrevera *Introdução ao pensamento político de Maquiavel*, que não considerava "nem uma biografia propriamente dita de Maquiavel, nem um estudo completo sobre sua obra",[29] mas sim "apenas [...] uma introdução ao seu pensamento político".[30] Todavia, poucas obras haviam sido até então tão bem fundamentadas quanto a sua, desenvolvida com base numa ampla e refinada bibliografia de comentadores internacionais disponíveis na época, incluindo inúmeros biógrafos (e Escorel se vale dos três principais, que influenciaram todos os demais: Villari,

28. Nesta edição, p. 29.

29. Nesta edição, p. 31.

30. Nesta edição, p. 31.

Tommasini e Ridolfi) e comentadores (citando importantes nomes – que continuam válidos até hoje – como Benoist, Burckhardt, Cassirer, Chevallier, Croce, De Sanctis, Ercole, Meinecke, Prezzolini, Russo e Spirito), fruto da fecunda circunstância do autor ter passado "um estágio profissional em Roma, para entrar em contato com a bibliografia maquiavélica".[31] Dividida em duas grandes partes, dedicadas a primeira a um estudo biográfico e a segunda a um estudo do pensamento político de Maquiavel, a obra se desenvolve por 16 capítulos, apontando, minuciosamente, as principais linhas da vida e das ideias políticas de Maquiavel. Especialmente sobre a segunda parte da obra, dedicada ao pensamento político maquiaveliano, que analisarei sinteticamente aqui, dois elementos especiais (e inter-relacionados) se destacam na interpretação escoreliana, o tema da *relação entre ética e política* e o tema das *relações internacionais*, para a conclusão crítica dos traços maquiavelianos (mais que maquiavélicos) do totalitarismo.

Desde o prefácio, o autor aponta seu principal objeto de estudo na obra de Maquiavel, concernente ao "grave e difícil problema das relações da política com a ética".[32] Como vimos na seção passada, esse tema acompanha

31. Nesta edição, p. 32.

32. Nesta edição, p. 32.

Maquiavel desde o século XVI, dividindo aqueles que consideram que Maquiavel separou a política da ética (interpretação dualista) daqueles que consideram que Maquiavel instituiu uma ética propriamente política (interpretação monista). No século XX, o principal defensor da explicação dualista foi Benedetto Croce, em sua obra *Ética e política*[33] (1931), que seria amplamente seguido pela escola de Turim,[34] enquanto o principal defensor da explicação monista seria Isaiah Berlin em seu famosíssimo ensaio A ORIGINALIDADE DE MAQUIAVEL[35] (1969), que teria

33. B. Croce, *Ética y Política – seguidas de La Contribución a la Crítica de mí Mismo*, tradução E. Pezzoni. Buenos Aires: Imán, 1952 (351 p.).

34. Cf. N. Bobbio, O MAQUIAVELISMO, em N. Bobbio, *Direito e Estado no pensamento de Emanuel Kant*, tradução A. Fait, rev. E. R. Martins. Brasília: UnB, 1997, p. 13-15 [também como: N. Bobbio, O MAQUIAVELISMO, em N. Bobbio, *Direito e Estado no pensamento de Emanuel Kant*, tradução A. Fait. São Paulo: Mandarim, 2000, p. 21-23]; e M. Bovero, ÉTICA E POLÍTICA ENTRE MAQUIAVELISMO E KANTISMO, tradução L. M. Mariconda/P. R. Mariconda, *Lua Nova*, n. 25, Cedec, São Paulo, 1991, p. 141-166.

35. I. Berlin, A ORIGINALIDADE DE MAQUIAVEL, em I. Berlin, *Estudos sobre a humanidade – Uma antologia de ensaios*, ed. H. Hardy/R. Hausheer, tradução R. Eichenberg. São Paulo: Cia. das Letras, 2002, p. 299-348.

grande influência sobre a escola de Cambridge.[36] Escorel se ancora explicitamente em Croce (citado desde o prefácio), afirmando que "no pensamento de Maquiavel, a moral perde a sua autonomia e transcendência, sendo integralmente absorvida pela política" e que, "se quisermos perfilhar a interpretação de Benedetto Croce, que tanta influência exerceu sobre os modernos estudos maquiavélicos: afirma-se nele a necessidade e autonomia da política, resolvendo-se declaradamente a favor desta última a antinomia que desde a antiguidade sempre existiu, em maior ou menor grau, entre o seu domínio e o da moral".[37]

Certamente baseado em sua formação diplomática, Escorel estendeu a tese da autonomia da política no pensamento maquiaveliano para uma interpretação das relações internacionais, fundamentada na leitura (que seria bastante consolidada no campo dos estudos acadêmicos das relações internacionais)[38] de teóricos realistas como

36. Cf. J. G. A Pocock, *El Momento Maquiavelico – El Pensamiento Politico Florentino y la Tradicion Republicana Atlántica*, tradução M. Vasquez-Pimentel/E. Garcia. Madri: Tecnos, 2002 (668 p.); Q. Skinner, *As fundações do pensamento político moderno*, tradução R. J. Ribeiro/L. T. Motta. São Paulo: Cia. das Letras, 1996 (724 p.); e Q. Skinner, *Maquiavel*, tradução M. L. Montes. São Paulo: Brasiliense, 1988 (142 p.).

37. Nesta edição, p. 248.

38. Cf. J. Haslam, *A necessidade é a maior virtude – o pensamento rea-*

Carr, Morgenthau e Aron, afirmando, num trecho bastante importante sobre essa questão, que "num mundo dividido e lacerado pelo egoísmo, pela ambição, pela rivalidade e pela suspeita, no qual tanto a política interna quanto a política internacional continuam a se definir em termos da luta pelo poder – a figura de Nicolau Maquiavel permanece viva e atual, sorrindo o seu ambíguo sorriso de sempre, ele que não fugiu à verificação de que o mal se acha inextricavelmente associado à história humana, ele que formulou seu pensamento, rico de adaptações e intuições proféticas, no momento em que nascia o Estado moderno, cuja afirmação crescente foi a constante dos últimos quatro séculos, ele, enfim, que soube observar, ainda no nascedouro, a eclosão das forças sociais e das paixões políticas que ainda hoje se agitam e se chocam sob olhar inquieto e à procura de luz".[39]

Quem, todavia, pensasse que Escorel concordava com as teses da autonomia da política e do realismo das relações internacionais, surpreende-se (e penso que positivamente), ao final da obra, quando o autor, ancorado numa profunda convicção democrática, submete a uma aguda crítica ambos os aspectos que delineou no pensamento

---

lista nas relações internacionais desde Maquiavel, tradução W. Barcellos, rev. P. P. Carvalho. São Paulo: Martins Fontes, 2006 (434 p.).

39. Nesta edição, p. 293.

maquiaveliano, os quais, afirma, teriam redundado, séculos depois, e após ser novamente alimentado por outras concepções políticas, como, especialmente, a hobbesiana e a hegeliana, nas incríveis formas autocráticas totalitárias,[40] como se descobre neste trecho: "Será fácil dizer hoje, com o lastro de quatro séculos de evolução cultural e política, que Maquiavel errou ao hipertrofiar o valor da política e o alcance da autoridade do Estado; que ele não soube ou não pôde reconhecer a independência da consciência moral do homem e a existência de direitos individuais invioláveis; e que suas premissas políticas, retomadas entre outros por Hobbes e Hegel, trouxeram o mundo até o paroxismo totalitário".[41]

Tal compreensão serve, inequivocamente, para colocar *Introdução ao pensamento político de Maquiavel* entre as mais importantes interpretações de Maquiavel empreendidas até hoje no Brasil, consistindo não apenas na melhor interpretação de sua época (importância histórica), mas numa interpretação que mantém hodiernamente sua atualidade heurística (importância científica), ao menos

40. Um resumo desses argumentos (expandidos para acrescentar uma crítica à política atômica da guerra fria) se encontra no excelente texto de L. Escorel, MAQUIAVEL E O PENSAMENTO POLÍTICO, nesta edição como apêndice, nas p. 307-340.

41. Nesta edição, p. 295.

se considerarmos que os três grandes problemas que enfrentou – maquiavelianamente – ainda continuam assombrando a humanidade: a autonomia da política, o realismo das relações internacionais e o perigo totalitário. O que torna sua terceira edição tão válida quanto as anteriores.

✳ PREFÁCIO

A pesar da vasta bibliografia existente sobre o assunto, acreditamos não ser necessário justificar longamente a publicação do presente ensaio. São tão raros, entre nós, os autores que se têm ocupado de Maquiavel – e os que o fizeram, além do mais, se limitaram quase sempre a examiná-lo apenas de relance – que não será exagero dizer que o interesse que ele continua a despertar e a atualidade flagrante de sua problemática política só encontram paralelo no desconhecimento geral de sua obra, vida e personalidade. E a razão disso está em que, com exceção de alguns estudiosos que têm acesso às fontes estrangeiras de informação cultural, o grande público brasileiro dispõe tão somente, tanto quanto sabemos, de uma discutível tradução portuguesa d'*O príncipe*, livro, na verdade, da mais alta importância, mas insuficiente por si só para dar uma visão completa e justa do pensamento político de Nicolau Maquiavel. Faltam por completo ao leitor nacional textos críticos, informações bibliográficas atualizadas, obras fundamentais mais recentes de caráter crítico-biográfico sobre a matéria, de tal modo que a maioria está condenada a ter do pensador florentino ideias inevitavelmente incompletas ou deformadas.

Será difícil encontrar alguém hoje em dia que não se sinta à vontade para empregar corretamente expressões como "maquiavelismo", "maquiavélico" ou "maquiavelicamente", mas serão poucos aqueles capazes de revelar um conhecimento seguro e menos superficial das conexões existentes entre a época de Maquiavel e a sua obra, bem como das premissas metodológicas e intenções doutrinárias que o inspiraram. Quantos serão, realmente, os que leram o próprio *O príncipe* e sobre ele meditaram com perfeita consciência do momento histórico em que o famoso livro foi concebido, e das relações do mesmo com as demais obras de Maquiavel? O fato é que o secretário florentino tornou-se através dos tempos uma figura legendária, erigido em símbolo de tudo o que há na política de demoníaco, de equívoco e inescrupuloso, de astúcia e dissimulação. Seu nome e derivados verbais se incorporaram ao nosso vocabulário corrente, determinando à sua simples menção reações estereotipadas, que vão do horror dos que o condenam em nome da moral tradicional, à admiração dos que o louvam em nome do realismo político. A consequência de semelhante banalização do nome de Maquiavel – como de resto acontece com todos os grandes poetas ou pensadores que a celebridade histórica vulgarizou a ponto de serem mais citados do que lidos – é que ela nos dá uma ilusão traiçoeira de familiaridade com suas ideias, e não estimula um esforço mais sério para conhecer verdadeiramente as fontes, características e objetivos do pensamento maquiavélico.

É tendo em mente essas considerações que nos animamos a publicar o presente ensaio. Desde logo, queremos advertir o leitor eventual que não foi nosso propósito escrever nem uma biografia propriamente dita de Maquiavel, nem um estudo completo sobre sua obra, que pertence também ao campo literário, já pelas suas qualidades estilísticas, já pelas suas produções poéticas e teatrais. Quisemos apenas apresentar uma introdução ao seu pensamento político, com a esperança de que ela poderá despertar algum interesse no meio brasileiro, considerando, por um lado, a inegável atualidade do tema e, por outro, aquele relativo desconhecimento das ideias maquiavélicas a que acabamos de aludir.

Não há, por conseguinte, no espírito do autor, qualquer pretensão de estar revelando aos mais informados fatos novos e ideias propriamente originais sobre Maquiavel, por mais que, evidentemente, se tenha esforçado ele por repensar honestamente as questões teóricas de natureza ético-política que sua obra coloca e sugere. Na parte biográfica – que julgamos de interesse apresentar em vista da estreita conexão existente entre o pensamento e a vida do pensador florentino – valemo-nos das três principais biografias que fazem autoridade no campo dos estudos maquiavélicos: as de Pasquale Villari e Orestes Tommasini, escritas ainda no século XIX, e a do eminente humanista, Roberto Ridolfi, de recente publicação, em dia, portanto, com os resultados da investigação mais moderna sobre a vida e a obra de Maquiavel. No que diz respeito à análise e avaliação de seu pensamento político – objeto da segunda parte do presente ensaio –, escolhemos, na imensa bibliografia que se ocupa do assunto, alguns livros que nos pareceram fundamentais e atualizados para nos servir de guia seguro no labirinto das ideias maquiavélicas.

Esperamos sinceramente que este estudo – que serviu a seu autor para tomar uma consciência mais clara do grave e difícil problema das relações da política com a ética – possa contribuir para esclarecer ou pelo menos estimular à meditação e discussão aqueles leitores que, interessados embora no assunto, não tiveram as mesmas facilidades que nos foram proporcionadas por um estágio profissional em Roma, para entrar em contato com a bibliografia maquiavélica.

Queremos crer que ninguém discordará da afirmação de Ugo Spirito de que o pensamento contemporâneo continua a viver no plano da problemática de Maquiavel, da qual não consegue desligar-se porque não chegou ainda a resolver a antinomia que nela está implícita – a antinomia entre a ética e a política.

Este, de fato, o problema crucial que faz de Maquiavel um contemporâneo nosso, obrigando-nos a recolocar a sua temática política, à procura de uma fórmula de equilíbrio entre as imposições do jogo político e as aspirações mais altas de nossa consciência ética. No mundo em que vivemos, a política não se apresenta como um campo de atividades a que possamos renunciar sem maiores consequências, para nos consagrar, libertados e distantes de suas impurezas e misérias, ao nosso próprio aperfeiçoamento moral. A verdade é que da política depende hoje não somente o destino da sociedade a que pertencemos, mas também o futuro da nossa própria civilização; situação esta que não nos permite enclausurar a ética no comportamento estanque de nossa vida privada, mas nos força, ao contrário, a expô-la em campo aberto a todos os embates da problemática política contemporânea, pois só desta maneira ela se enriquecerá de substância histórica, provará sua vitalidade ou se revelará contrariamente caduca e estéril.

Por menor que possa ser, portanto, nossa vocação para o desempenho do mister político, não podemos ignorar uma atividade tão fundamental, que condiciona inevitavelmente os nossos interesses, relações e aspirações, tanto imediatas quanto superiores, e que, com todas as suas imperfeições, deficiências e até mesmo crimes, constitui uma presença irremovível no mundo, na sua condição de fator dinâmico da história.

Não será descabido insistir aqui sobre a inevitabilidade social da política porque há atualmente uma tendência bem forte, entre nós, para menosprezá-la, apontando-a como uma atividade corrupta e nefasta, que deveria ser abolida em favor de um governo puramente técnico, integrado por homens de alto teor moral, consagrados exclusivamente ao bem-estar da coletividade. A ideia não é nova, diga-se desde logo; ela surgiu, realmente, todas as vezes em que se verificaram crises agudas nas instituições políticas democráticas, gerando um falso ideal de honestidade, na verdade incompatível com o exercício eficaz de uma atividade política em clima de liberdade. Incompatível na medida em que o angelismo político, isto é, a crença na possibilidade de uma política isenta de mal, irrealmente pura e alheia a qualquer forma de egoísmo e corrupção, não se coaduna com a convicção básica do espírito democrático, essencialmente relativista e tolerante, de que o problema político há de ser resolvido dentro das inevitáveis imperfeições da natureza humana, e nunca à custa de sua eliminação artificial por meio de não importa que espécie de despotismo de intenções pretensamente moralizantes. O que, em outras palavras, quer dizer que um regime de liberdade é inevitavelmente um regime de riscos, um regime de precário equilíbrio entre a vontade de poder e a consciência ética, entre as forças do bem e as forças do mal, em que estas muitas vezes superam aquelas, mas no qual a ideia da perfectibilidade da natureza humana e, em consequência, do progresso social, conduz o homem à realização do seu destino.

A propósito dessa tentação de sacrificar a política a um tecnicismo de natureza moralizante, Benedetto Croce observou, certa vez, que prevalecia em certos meios a convicção de que o ideal político seria uma espécie de areópago, composto de homens honestos, aos quais seriam confiados os negócios do país. Fariam parte de tal cenáculo político químicos, físicos, poetas, matemáticos, médicos, pais de família etc., todos tendo como requisito fundamental a bondade das intenções e o desinteresse pessoal e, além disso, conhecimento e habilidade num determinado ramo da atividade humana, com exclusão da política propriamente dita; esta deveria resultar de um cruzamento entre a honestidade e a competência técnica. Não se sabe, acrescentava Croce, que política resultaria de tal assembleia porque a história não aponta nenhum caso em que semelhante experiência tenha sido levada a cabo, nem mostra qualquer tendência para aplicá-la. O que tem havido, em certos casos, é os acontecimentos levarem ao poder homens famosos por sua probidade e engenho científico e doutrinário, para logo em seguida os deporem por inépcia política. Estranha Croce que, embora não ocorra a ninguém, no caso de ter de submeter-se a uma operação cirúrgica, recorrer a um homem honesto ou a um filósofo em vez de procurar um médico famoso pela sua sensibilidade operatória, quando se trata de política haja quem requeira não homens políticos mas homens honestos dotados de aptidões de outra natureza. Para Croce, a honestidade política não é senão a capacidade política.

Evidentemente, o conceito crociano de capacidade política não exclui o de honestidade pessoal – uma vez que não se poderia aceitar a ideia de um político privado de consciência moral, caso em que será apenas um aventureiro oportunista –, mas visa demonstrar que a política não vive apenas de boas intenções e de conhecimentos extrapolíticos, exigindo antes uma habilidade particular e uma vocação específica dos que a praticam a fim de que possa ser levada a bom termo a gestão da coisa pública. A política, em suma, é uma técnica e, como tal, está voltada naturalmente para um objetivo prático: o êxito na obtenção dos seus fins específicos, que são a conquista e a manutenção do poder. Mas é uma técnica que deve servir a uma finalidade ética: a aplicação efetiva do poder em benefício da comunidade. Um político imoral, portanto, é aquele que utiliza a técnica política para satisfazer interesses particularistas e egoístas, caso em que será também um político incompetente, uma vez que estará agindo em detrimento da coletividade a que deve servir.

Na medida em que a política é uma técnica e uma arte, dotadas de características e exigências peculiares, pode-se dizer que Maquiavel a conheceu e analisou como ninguém, legando ao mundo moderno a mais lúcida e implacável análise que jamais foi realizada de sua natureza ambígua e contraditória. Mas sua obra, como iremos ver, ficou a meio caminho da solução do problema, menos por falta sua, talvez, do que devido à insolubilidade final da antinomia que a história revela entre as exigências concretas da política e as aspirações éticas da criatura humana.

Longe de nós a pretensão de haver colocado, de maneira definitiva, o problema cruciante das relações da política com a moral, problema que é, afinal, o cerne do pensamento de Nicolau Maquiavel. Ficamos apenas, provisoriamente, com a convicção de que o maquiavelismo, por maior que seja o seu valor como uma indispensável e lúcida tomada de consciência da realidade política, deve ser ultrapassado no seu agnosticismo e empirismo fundamentais, para que a vida histórica da humanidade não se reduza apenas a uma brutal competição pelo poder.

Que nos seja permitido, finalmente, fazer nossas estas palavras de Charles Benoist, as quais exprimem perfeitamente o espírito com que damos à publicidade o presente estudo: *j'ai, simplement, voulu comprendre, et je voudrais maintenant, que je crois avoir compris, faire comprendre**

L. E. ✳ **Roma, março de 1956**

* eu simplesmente quis entender e gostaria de tornar compreensível, agora que creio ter entendido.

PRIMEIRA PARTE
✳ VIDA (SÍNTESE HISTÓRICO-BIOGRÁFICA)

*Una lunga sperienza delle cose moderne
ed una continua lezione dele antiche.*

*Uma longa experiência das coisas modernas
e uma contínua leitura das antigas.*

Maquiavel ✳ *O príncipe.*

CAPÍTULO PRIMEIRO

Qualquer tentativa de compreensão do pensamento político de Maquiavel – esta figura por tantos títulos enigmática que nos recebe com um sorriso malicioso e ambíguo no limiar do Renascimento italiano – deve partir da consideração de que há uma íntima correspondência entre o mesmo e a época de transição, rica de contrastes, em que foi concebido e formulado. Mais exatamente: que não se pode, sob risco de grave deformação, dissociar as ideias de Maquiavel das condições em que se achavam, no século XVI, os Estados italianos, e dos costumes políticos que neles prevaleciam, pois foi em função de umas e de outros que o autor d'*O príncipe*, buscando inspiração na Roma antiga, é verdade, mas apoiado sempre na observação pessoal dos fatos políticos e sociais de seu tempo, meditou sobre as leis próprias da política, legando à cultura ocidental uma obra que, por ter rompido decisivamente com o medievalismo, com os conceitos básicos do feudalismo e da escolástica, é justamente considerada a pedra fundamental da ciência política moderna.

Essa ligação, por assim dizer, umbilical do pensamento maquiavélico com o momento histórico em que germinou, resulta da própria natureza do método inovador[1] de que se serviu Nicolau Maquiavel para perscrutar as secretas molas do fenômeno político e conhecer a realidade de seu tempo, apreendendo as causas efetivas dos sucessos e dos fracassos políticos e descobrindo as razões concretas da grandeza e decadência dos Estados. Um método que rompeu com a tradição teológica e silogística da Idade Média, durante a qual dominaram os raciocínios dedutivos fundados em princípios abstratos e verdades *a priori*, e que se fundou, ao contrário, na observação fria e objetiva dos fatos, recorrendo à experiência histórica e à indução para fixar as normas da conduta política, mais propícias a assegurarem a conquista e a preservação do poder político.

1. A criação de um novo método não foi, em absoluto, obra apenas de Maquiavel. Foi produto de um conjunto de escritores políticos, dos quais os mais famosos são Maquiavel e Guicciardini. Todos eles, mesmo sem especificar o seu método de investigação, evitam embasar seus argumentos na autoridade das divinas escrituras, ou seja, *secundum Scripturae divinae auctoritatem, Philosophorum dogmata, et exempla laudatorum Principum* (S. Thomas Aquinas, *Argument to the De Regimine Principum*) e, em vez disso, se apegam à sua própria experiência e se distanciam de toda e qualquer especulação "pairando nos ares". Infelizmente, o caráter peculiar de suas experiências muitas vezes os levaria a resultados falaciosos, como parece ser nitidamente o caso em Maquiavel. *The creation of the new method was not by any means the work of Machiavelli alone; it was*

Sendo minha intenção escrever alguma coisa de útil a quem possa entendê-la, me pareceu mais conveniente ir direto à verdade efetiva da coisa do que à fantasia a respeito dela. Muitos imaginaram repúblicas e principados que nunca foram vistos, nem conhecidos como verdadeiros. Porque a realidade do que se vive está tão distante daquela que se deveria viver que aquele que deixa o que se faz pelo que se deveria fazer conhece bem antes a sua ruína do que a sua salvação.[2]

due to the body of the Italian publicists, of whom Machiavelli and Guicciardini are the most famous examples. All of them, even when they do not expressly state what their method of investigation is, no longuer argue secundum Scripturae divinae auctoritatem, Philosophorum dogmata, et exempla laudatorum Principum) (S. Thomas Aquinas, *Argument to the De Regimine Principum) but hold fast to experience, and keep away from all "up in the air" speculation. Unfortunately, the peculiar character of their experiences often led them to fallacious results, as it seems very clearly in Machiavelli".* Nicolau Maquiavel, *O príncipe*, editado por L. Arthur Burd, introdução Lord Acton, Oxford. Clarendon Press, 1891, p. 283.

2. *Sendo intento mio scrivere cosa utile a chi la intende, mi è parso più conveniente andare drieto alla verità effettuale della cosa che alla imaginazione di essa. E molti si sono imaginati republiche e principati che non si sono mai visti nè conosciuti essere vero. Perché egli è tanto discosto da come si vive a come si doverrebbe vivere, che colui che lascia quello che si fa per quello che si doverrebbe fare, impara più tosto la ruina che la preservazione sua. O príncipe*, cap. XV.

Esta famosa passagem d'*O príncipe* encerra os elementos básicos definidores do método maquiavélico: utilitarismo –"escrever coisa útil para quem a entenda"–; empirismo –"procurar a verdade efetiva das coisas"–; antiutopismo –"muitos imaginaram repúblicas e principados que jamais foram vistos ou considerados como verdadeiros"–; realismo – "aquele que abandona aquilo que se faz por aquilo que se deveria fazer, conhece antes a ruína do que a própria preservação".

Semelhante posição metodológica coloca Maquiavel em contraste não apenas com os filósofos antigos e medievais, mas também com os tratadistas e utopistas do Renascimento, ocupados uns e outros em traçar especulativamente as linhas fundamentais do governo ideal ou da comunidade perfeita; opõe-no ainda aos racionalistas dos séculos XVII e XVIII que integraram a chamada escola jusnaturalista ou do direito natural, e aos quais devemos construções políticas de perfeição geométrica, baseadas num conceito de natureza que a esvazia de seu conteúdo histórico, e numa concepção puramente abstrata da razão humana, depurada das impurezas da realidade. Para Maquiavel, na verdade, os governos imaginados abstratamente pelos filósofos não apresentavam qualquer valor; como observa Pasquale Villari,[3] ao compa-

---

3. Pasquale Villari, *Niccolò Machiavelli e i suoi tempi*. Florença: Le Monnier, p. 279, 1877, v. II, 3 v.

rá-lo com Aristóteles, este procura em substância aquilo que os homens e o governo deveriam ser, ao passo que Maquiavel declara inútil essa procura e deseja, ao invés, indagar o que são eles e o que na realidade podem ser. O que lhe interessa, em suma, é "a verdade efetiva da coisa"[4] – que é preciso encarar resolutamente – e não os frutos imaginários ou os esquemas intelectualistas da especulação humana. E essa verdade efetiva e concreta, Maquiavel a busca na prática política e no estudo empírico de sua própria época, e no confronto da mesma com as grandes épocas da Antiguidade clássica, sobretudo com a história da Roma antiga, que ele exalta como paradigma político exemplar, de valor permanente, pois acredita que o homem é imutável e que os mesmos acidentes se repetem no curso dos tempos.

Acreditando na imutabilidade da natureza humana, Maquiavel pretendeu extrair do conhecimento do passado histórico leis invariáveis para o melhor exercício da arte política. Mas não se colocou ele diante da história em postura verdadeiramente crítica: ao contrário, sua tendência foi a de aceitar sem discutir as afirmações de Tito Lívio concernentes à história romana, delas se servindo para ilustrar as máximas que sua inteligência ia formulando com base nos acontecimentos de sua época eferves-

4. [...] *verità effettuale della cosa* [...].

cente e criadora. Mais do que o recurso à história, o que distingue Maquiavel é haver ele banido o raciocínio dedutivo, que até então dominara o pensamento europeu, e adotado o processo indutivo como meio de conhecimento do fato político. Despido de qualquer intenção propriamente doutrinária, inimigo de esquemas e construções intelectuais, Maquiavel não edificou um sistema abstrato nem elaborou uma teoria política em moldes rigorosamente científicos. Longe de ser um pensador sistemático, foi ele um escritor que esteve sempre aberto às solicitações e sugestões dos fatos marcantes de seu tempo e das suas leituras clássicas, circunstância esta que certamente não contribuiu para uma compreensão inequívoca de seu pensamento, acumulando antes, sobre sua obra, as mais variadas e contraditórias interpretações. Seu método, como observou L. A. Burd,[5] consiste em estabelecer uma determinada tese política e em analisá-la minuciosamente para fixar o seu valor prático; mas a ordem em que seus argumentos se sucedem e o grau de atenção que ele reserva a cada um são determinados por considerações acidentais: uma sentença de Tito Lívio, um provérbio florentino ou um golpe de Estado na política contemporânea. Não parte Maquiavel jamais de postulados metafísicos ou teológicos, mas de realidades empíricas imediatas, colhidas

5. L. Arthur Burd, ob. cit., p. 284.

ao vivo pela sua argúcia de observador político, e suas ideias nascem de uma conjunção dessas realidades com os ensinamentos bebidos nas obras do passado clássico: "uma longa experiência das coisas modernas e uma contínua leitura das coisas antigas".[6] – Eis aí, em suas próprias palavras, a fonte do pensamento maquiavélico.

Seria, pois, erro indesculpável, ainda mesmo que não se pretenda realizar obra histórica de fôlego, como é o presente caso, analisar o pensamento político de Maquiavel sem haver fixado previamente os acontecimentos principais de sua época, que ele viveu tão intensamente, a ponto de sua biografia não ser mais, de certo modo, do que o reflexo daquela na sua mente privilegiada. De tal maneira viveu Maquiavel integrado no seu tempo, participando ativamente de acontecimentos decisivos e marcantes e teorizando, a seguir, os fatos colhidos pela sua experiência e observação, que o estudo de sua vida equivale a um fascinante mergulho no Renascimento italiano, visto na sua realidade política, e do qual sua obra recebeu impulso e substância.

Na verdade, sua biografia interessa mais como matriz vital de seu pensamento político do que propriamente como revelação de particularidades íntimas do homem

---

6. [...] *una lunga sperienza delle cose moderne ed una continua lezione delle antiche.*

Maquiavel, de suas inclinações pessoais, convicções privadas, ou reações familiares e sentimentais diante da vida, embora evidentemente, no caso do escritor, não seja aconselhável descartar de todo sua face privada, quando mais não seja para confrontá-la com a imagem que o universo de suas ideias nos revela. No caso de Maquiavel, tudo o que realmente interessa provém de sua atividade pública, de seus relatórios diplomáticos e pareceres políticos, de suas cartas e obras fundamentais, cuja razão de ser é sempre a sua paixão pela coisa pública, pela problemática política da época renascentista e pelo modo de agir de suas grandes figuras, pelo fato social significativo e pelos exemplos históricos da Antiguidade clássica, nelas não se encontrando senão incidentalmente referências ou descrições, por vezes de grande pitoresco, de episódios ou fatos de sua existência privada.

Esta a razão pela qual seus dois maiores biógrafos, Pasquale Villari e Orestes Tommasini, não nos deram realmente, em suas obras monumentais, biografias propriamente ditas de Maquiavel, mas antes sólidos volumes de exegese crítica e histórica, em que o fio biográfico está sempre ameaçado de submergir sob o volume de descrições e interpretações dos acontecimentos do seu tempo, dos quais ele participou ou se serviu na formulação de suas ideias políticas. Porque, na realidade, o que interessa em Maquiavel é sempre, por assim dizer, a sua existência extrapessoal, o diálogo incessante e lúcido que manteve com sua época e com o passado clássico, a interação de sua inteligência audaciosa e arguta com os novos fatos sociais e políticos que anunciavam, paralelamente às conquistas geográficas, científicas e artísticas do Renascimento, o mundo moderno.

CAPÍTULO SEGUNDO

A dependência, que procuramos frisar, da biografia de Maquiavel de sua atividade pública, se torna desde logo manifesta quando se verifica que só começamos a ter sobre ele informações claras e precisas no momento em que assume, em 1498, o cargo de secretário da segunda chancelaria de Florença. Já completara, então, 29 anos, e em breve iria se afirmar como uma das inteligências mais profundas e originais que jamais haviam servido o governo florentino. Mas nada ou muito pouco se sabe acerca de sua formação intelectual, das influências que sofreu, dos amigos com quem conviveu, do meio que frequentou, de tudo, enfim, que nos primeiros 29 anos de sua existência terá contribuído para plasmar-lhe a personalidade e apresentar-lhe o engenho para o desempenho das importantes missões diplomáticas, administrativas e militares em que se revelaria mais tarde um espírito de excepcional latitude e rara perspicácia.

Seus contemporâneos não falam quase nunca dele, e depois de sua morte nenhum de seus amigos e conhecidos pensou em escrever sua vida. E ele, ocupado continuamente em observar os homens e as coisas que o circundavam, não se deteve jamais sobre si próprio, não se voltou nunca sobre seu passado.[7]

Sabe-se que descendia de uma família muito antiga da Toscana, os antigos senhores de Montespertoli, um pequeno município entre o Val d'Elsa e o Val di Pesa, não muito longe de Florença. Mas a família Machiavelli, seja ou não exata sua origem nobre, chega a meados do século XV empobrecida e plebeia. Maquiavel nasce a 3 de maio de 1469, filho de Bernardo de Niccolò Machiavelli e de Bartolomea, viúva de Niccolò Benizzi e filha de Stefano dei Nelli, antiga família florentina. Seu pai, doutor em leis, era homem ativo e parcimonioso, com vocação para os estudos. A imprensa fora introduzida em Florença havia apenas quatro anos, mas ele já se interessava em adquirir, sempre que lhe restavam alguns florins, os primeiros volumes que surgiam a divulgar a sabedoria da Antiguidade clássica; e assim constituiu uma pequena biblioteca onde figuravam, entre outros, Tito Lívio, Aristóteles, Biondo, Demóstenes e Plínio.

À mãe de Maquiavel são atribuídas laudes sacras em louvor da Virgem, sabendo-se que era mulher religiosa e não privada de cultura. O escritor teria assim herdado do pai o amor aos livros e da mãe a fantasia poética. Tomma-

7. Pasquale Villari, ob. cit., p. 302, v. I.

sini, porém, adverte que nunca ninguém conseguiu deitar os olhos sobre as produções poéticas da progenitora de Maquiavel, e que possivelmente a versão de sua atividade de poeta foi inventada *a posteriori* para explicar as raízes do gênio literário do filho.

Seja como for, o certo é que seus principais biógrafos concordam em afirmar que a educação do autor d'*O príncipe* se limitou à instrução literária mais geral da época, não tendo tido ele a formação de um erudito. Aos sete anos, começou a estudar latim; não chegou, porém, a aprender grego. Teve conhecimentos de direito, sem haver, entretanto, aprofundado o estudo. Escreve Roberto Ridolfi:

> Nem o pai teve o propósito de fazer dele um douto nem o filho o de se tornar um; além da intenção, faltou talvez o dinheiro.[8]

Sua inteligência amadureceu ao convívio dos livros clássicos do pai, vivificado pela observação intensa de seu próprio tempo, e ao calor de uma ardente vocação intelectual que lhe permitiu sanar os defeitos e carências de uma educação relativamente limitada, na qual Villari aponta, porém,

8. *Nè il padre ebbe i pensieri di farne un dotto, nè il figlio di doventarlo: oltre i pensieri mancarono forse i denari.* Roberto Ridolfi, *Vita di Niccolò Machiavelli*. Roma: Belardetti, 1954, p. 7.

[...] a vantagem de haver mantido viva a originalidade espontânea de seu espírito e de seu estilo que não foram, como a tantos acontecia então, sufocados sob o peso da erudição.[9]

O ano de nascimento de Maquiavel assinala na história de Florença a data em que, com a morte de Piero de Medici, o poder político passou às mãos de seu filho Lourenço. Este contava então apenas vinte anos de idade, mas se revelaria logo uma personalidade de rara envergadura e excepcional projeção. Seu governo inaugurou, na verdade, a fase de maior esplendor do Renascimento, conquistando para Florença a justa reputação de maior centro cultural e artístico da Europa. Suas qualidades invulgares de inteligência, aliadas a uma extraordinária capacidade política e diplomática lhe conquistaram uma posição tão eminente no cenário político europeu que recebeu honras de monarca, justificando amplamente o apelativo de "O Magnífico" com que a história o consagrou.

A onda pagã que a Renascença precipitara sobre a península, na sua ânsia de redescobrir e valorizar como padrões estéticos supremos as formas do classicismo greco-romano, encontrou ampla e entusiástica acolhida por parte de Lou-

9. Pasquale Villari, ob. cit., p. 310-311., v. I.

renço de Medici e seu irmão Giuliano, que timbraram em reviver, mediante procissões, festivais e representações aparatosamente elaboradas, não somente o esplendor estético, mas também o hedonismo individual do mundo helênico.

O Renascimento viera opor ao ascetismo de uma época voltada para a ideia da transitoriedade das coisas terrenas e para a meditação sobre a miséria humana e a morte, a afirmação da vida, a obsessão da glória, a preocupação da imortalidade histórica, a corrupção dos costumes, a depravação moral, a valorização, enfim, do indivíduo, libertado da ordem hierárquica em que vivera até então integrado. Contra essa sociedade que, no dizer de Pastor, "opunha o egoísmo, o orgulho, a ambição, o prazer mundano e sensual do antigo paganismo à abnegação, à humildade e à mortificação do Cristianismo";[10] contra essa sociedade em que a complacência com o pecado se traía até no nome de "cortesãs",[11] que se passou a dar às que a Idade Média sempre qualificara de "pecadoras";[12] contra essa sociedade que substituiu o ideal medieval de santidade pelo culto da grandeza histórica; contra essa sociedade altamente refinada do ponto de vista estético e intelectual, mas na qual

10. Ludovico Von Pastor, *Storia dei Papi*, nova versão italiana. Roma: Desclée & Cia. Editori Pontifici, 1932, v. III.

11. [...] *cortigiane* [...].

12. [...] *peccatrici* [...].

se processara visivelmente um afrouxamento generalizado dos laços da moralidade tradicional, – erguiam-se as vozes dos pregadores de penitência – um Bernadino da Siena, um Alberto da Sarteano, um Antonio da Rimini, um Roberto da Lecce – lançando objurgatórias flamejantes e profecias apocalípticas em nome da ordem medieval periclitante, que encontraria na figura dramática de Jerônimo Savonarola o seu mais extremado e impressionante apologista.

Se Lourenço de Medici e sua corte encarnaram esplendidamente o individualismo e o hedonismo do Renascimento, sua ambição de glória, sua ânsia de fruir estética e sensualmente a existência, Savonarola representou a persistência da consciência cristã, exasperada diante da ressurreição do paganismo que invadia alarmantemente a sociedade e a própria Igreja, maculando com os vícios da corrupção moral e da dissolução de costumes os seus representantes mais altos, sem excetuar o Vigário de Cristo. A eloquência rude do célebre dominicano, que acreditava haver recebido em sonho a missão divina de anunciar ao povo as calamidades que, como punição de uma vida dissoluta, ameaçavam o país e a Igreja, conquistou e arrebatou os florentinos que acorriam em massa à catedral para ouvi-lo pregar o seu programa profético: "a Igreja será castigada, depois renovada, e isso acontecerá logo".[13]

13. [...] *la Chiesa sarà flagellata, poi rinnovata, e ciò sará presto.*

Savonarola atacou de frente o próprio sentimento artístico da época, denunciando a arte renascentista como culto da volúpia, qualificando de indecentes as obras de seus grandes artistas e descrevendo como viciosa e sensual toda a vida de Florença, não obstante seu esplendor triunfante. Sob sua influência magnetizadora, o fogo purificador se levantou em plena Praça da Senhoria,[14] queimando objetos de adorno, livros, imagens, cartas de jogar, quadros, espelhos, retratos, cabeleiras falsas, perfumes etc. tudo, enfim, que pudesse ser considerado expressão da vaidade, sensualidade e luxúria humanas.

Lourenço de Medici e Savonarola representaram dois mundos inconciliáveis que se chocavam, duas concepções contraditórias de vida que se opunham. Era a exaltação dionisíaca do paganismo clássico verberada implacavelmente pelo ascetismo cristão medieval; eram as virtudes do cristianismo, polarizadas pela vida sobrenatural, que se viam tripudiadas pelo cinismo e amoralismo de uma época que colocara no êxito político e na glória mundana os supremos objetivos da vida.

Esse foi o ambiente moral, tecido de contradições, em que cresceu e se formou Nicolau Maquiavel, sofrendo o influxo das duas correntes que atuaram sobre a sociedade florentina da segunda metade do século XV, e que mais de

14. *Piazza della Signoria.*

uma vez se chocaram na sua personalidade determinando contradições muitas vezes insolúveis na sua obra. A propósito desse conflito, no mesmo espírito, de duas concepções de vida opostas, Tommasini[15] lembra que Lourenço e seu tutor Angelo Poliziano, representantes do hedonismo renascentista, uma ou outra vez também entoaram salmos de penitência, e que Maquiavel, depois de haver composto um piedoso discurso de caridade cristã, continuou a procurar o prazer nas rodas boêmias de Florença...

Não parece, porém, que tenham razão os que não querem reconhecer uma identificação profunda de Maquiavel com o naturalismo filosófico do Renascimento, esquecidos de que as sobrevivências cristãs em seu espírito não constituíram influência determinante sobre seu pensamento, embora repontem aqui e ali em sua obra. Testemunha, na mocidade, do choque entre Lourenço de Medici e Savonarola, as simpatias de Maquiavel estavam seguramente com o primeiro,[16] e a ele não pouparia louvores mais tarde, ao

15. Oreste Tommasini, *La vita e gli scritti di Niccolò Machiavelli nella loro relazione col machiavellismo*. Roma: Loescher, 1883, p. 86, v. I, 3 v.

16. [...] é visível em Nicolau Maquiavel o espírito incrédulo e zombador de Lourenço, impresso, naquele tempo, sobre a face da burguesia italiana. E tinha também aquele senso prático, aquela compreensão dos homens e das coisas que tornou Lourenço eminente entre os príncipes[...] [...] *è visibile in Niccolò Machiavelli lo spirito incredulo e beffardo di Lorenzo, impresso*

escrever a sua *Histórias florentinas*,[17] ao passo que foi com prevenção e ironia que ouviu as prédicas do exaltado prior do Convento de São Marco, a quem consideraria um "profeta desarmado", condenado fatalmente à ruina política por não haver compreendido que um inovador não pode dispensar o emprego da força para se manter no poder e assegurar o êxito duradouro de suas ideias.

No caso de Savonarola e Maquiavel, estamos, de fato, diante de dois temperamentos antitéticos, de dois mundos contrastantes,[18] o primeiro todo voltado para a sal-

---

sulla fronte della borghesia italiana in quel tempo. E avea pure quel senso pratico, quella intelligenza degli uomini e delle cose che rese Lorenzo eminente fra'principi [...] Francesco De Sanctis, *Storia della Letteratura Italiana*. Milão: La Universale Barion p. 53, v. II.

17. *Istorie Fiorentine.*

18. Savonarola é uma reminiscência do Medievo, profeta e apóstolo à maneira dantesca; Maquiavel, na sua roupagem romana, é um verdadeiro burguês moderno, que desceu do pedestal, igual entre iguais, que te fala de modo afável e natural. Há nele o espírito irônico do Renascimento com traços muito precisos dos tempos modernos. *Savonarola è una reminescenza del medio evo, profeta e apostolo a modo dantesco; Machiavelli in quella sua veste romana è vero borghese moderno, sceso dal pedestale, uguali tra uguali, che ti parla alla buona e alla naturale. È in lui lo spirito ironico del Risorgimento con lineamenti molti precisi de' tempi moderni.* Francesco De Sanctis, ob. cit., p. 64.

vação da alma humana como a suprema finalidade da vida, o segundo preocupado com a salvação da pátria e com a defesa do Estado; o primeiro encarnando a religião pura, a subordinação da política à religião, o menosprezo do mundo, o despojamento das vaidades e ambições terrenas, o segundo vivendo praticamente em função da política, dos seus objetivos de poder e glória mundanos, e a ela submetendo a própria religião. Ambos foram profundamente pessimistas, com a diferença, porém, que o pessimismo de Savonarola tinha a iluminá-lo a esperança da graça divina, ao passo que Maquiavel procurou superar o seu recorrendo a um conceito pagão de coragem,[19] convencido de que o cristianismo havia "desarmado o céu e afeminado o mundo".[20]

✳ ✳ ✳

19. Nota do tradutor para *virtù*: essa palavra vem de *uirtus, -tutis* e no latim significa, valor, vigor, coragem, mérito. Esses sentidos traduzem o conceito antigo de *virtù* que Maquiavel quis recuperar.

20. [...] *desarmato il cielo e effeminato il mondo.*

CAPÍTULO TERCEIRO

A segunda metade do século XV, em que se situa a fase de formação da vida de Nicolau Maquiavel, foi um período de relativa paz e estabilidade na península itálica. Em seguida ao Tratado de Lodi que, em 1454, pôs termo à guerra entre Milão e Veneza, constituiu-se a "Santíssima Liga" de que fizeram parte, além do ducado de Milão e da república de Veneza, a república de Florença, o reinado de Nápoles e o papado. Formava-se, assim, uma coligação dos cinco principais governos que dividiam então politicamente a Itália, a qual asseguraria, durante quarenta anos, um certo, ainda que precário, equilíbrio político na península. Esta continuava fundamentalmente enfraquecida pelas dissensões internas e choques de interesses de seus vários despotismos e repúblicas, embora isto não a impedisse de prosperar economicamente e de conquistar, graças à plêiade excepcional de seus artistas e humanistas, a liderança incontestável do movimento renascentista.

Subsistiam, ao lado daqueles cinco focos de poder político, vários domínios menores como as repúblicas independentes de Gênova, Luca e Siena, principados como o ducado de Savoia e o ducado de Ferrara, sem mencionar inúmeros outros reduzidos territórios e os domínios vassalos dos grandes Estados, todos concorrendo com suas rivalidades e ambições inconciliáveis para dispersar perigosamente o poder italiano de resistência ao estrangeiro. Mesmo os grandes Estados não passavam de conglomerados de cidades e territórios diversos, sem aquelas características de unidade e centralização da monarquia que, na França, na Espanha e na Inglaterra, se constituíra em torno da autoridade do rei, não obstante a oposição dos senhores feudais. Sinais de rebelião eram evidentes nas cidades submetidas a Florença e, em Nápoles, se travava a luta dos barões contra a monarquia. Careciam de verdadeira coesão os Estados pontifícios, o ducado de Milão, embora mais sólido, apresentava também seu ponto vulnerável na luta de suas facções internas; restava, apenas, como exemplo de solidez e real estabilidade, a república de Veneza, verdadeira potência, próspera, invejada e temida, cujo regime era louvado como modelo de sabedoria política.

A tentativa mais séria para subverter o *status quo* estabelecido pelo Tratado de Lodi foi levada a cabo durante o pontificado de Sixto IV. Em 1478, agravou-se seriamente a hostilidade entre Florença e Roma, devido à oposição movida por Lourenço de Medici à política papal de engrandecimento e fortalecimento dos Estados pontifícios. Insuflado por seu sobrinho Girolamo Riario, o papa se convenceu de que a única maneira de poder realizar seus desígnios políticos seria provocar a queda dos Medici. Aliando-se com os Pazzi, família rival dos Medici em Florença, os conspiradores, entre os quais se achava o arcebispo de Pisa, Francesco Salviatti, decidiram assassinar Lourenço e seu irmão Giuliano, não tendo, porém, segundo escreve Pastor na sua *História dos papas*, posto Sixto IV a par desse propósito homicida. Contratado o sicário Montesecco, foi resolvido que os Medici seriam atacados quando assistissem à missa na catedral, no momento exato da elevação da hóstia consagrada. De acordo com o plano, quatro conjurados deveriam atacar os dois irmãos no Duomo, enquanto outros procurariam se apoderar do Palácio da Senhoria[21] e sublevar o povo nas ruas. No dia e hora marcados, Giuliano tomba sob os punhais assassinos, mas o braço criminoso não consegue senão ferir ligeiramente Lourenço, que, defendido por seus servidores, se refugia na sacristia, fechando atrás de si a porta de bronze. A notícia do atentado provoca grande indignação popular, os conjurados são presos, enforcados e esquartejados pela multidão.

Lourenço de Medici saiu do atentado com sua posição grandemente fortalecida; enrijecendo sua autoridade, tor-

21. Nota do tradutor do italiano: O *Palazzo della Signoria* foi durante muito tempo a sede do governo da república de Florença, e depois do grão-ducado da Toscana.

nou-se senhor absoluto de Florença e vingou-se implacavelmente de todos quantos haviam participado da conjuração.

A situação política continuava, porém, grave para Florença, que se via ameaçada de um lado pela aliança do papado com Nápoles e, de outro, pela hostilidade de Veneza. Foi quando Lourenço resolveu embarcar sozinho para Nápoles para fazer um apelo pessoal ao rei, gesto político espetacular que teve grande repercussão pela sua aparente audácia, mas que fora cuidadosamente preparado mediante negociações diplomáticas secretas. Sentindo pesar sobre si a ameaça turca, Fernando I concordou em restabelecer a aliança com Florença, colhendo assim Lourenço uma grande vitória diplomática contra o papa.

A conjuração dos Pazzi revela bem a violência sanguinária de que se revestia frequentemente naquela época a política exterior dos Estados italianos, sempre prontos a recorrer não somente à fraude e à astúcia diplomática, mas também a medidas extremas, como o assassinato político para a consecução de seus objetivos, fossem eles defensivos ou francamente agressivos. Governos na sua maioria ilegítimos, nascidos de golpes de força ou da traição de condotieros desleais, quando não de crimes atrozes, exigiam para a própria sobrevivência uma capacidade invulgar de cálculo e adaptabilidade política dos detentores do poder que, sentindo o chão inseguro sob os pés, não escolhiam meios para se defender. Essa tensão externa contínua contribuiu para desenvolver extraordinariamente a arte diplomática na Itália, particularmente entre os venezianos, criando uma política exterior que, como notou Burckhardt, se consolidou gradualmente num sistema reconhecido de direito público, adotado posteriormente pelos demais países:

> O tratamento puramente objetivo dos assuntos internacionais tão livre de preconceitos quanto de escrúpulos morais, atingiu uma perfeição que não deixa de ter muitas vezes uma certa beleza e uma grandeza própria. Mas como conjunto, dá-nos a impressão de um abismo sem fundo.[22]

Entregues às sutilezas, intrigas e "coincidências"[23] fortuitas do jogo diplomático, incapazes de se unir sequer numa liga federal; trabalhados, ao contrário, por forças desagregadoras e ambições pessoais que não hesitavam em buscar alianças com o estrangeiro, fosse com os franceses, fosse até mesmo com os turcos, inimigos jurados da cristandade; militarmente débeis, contando apenas com tropas mercenárias, instáveis e desleais, os Estados italianos exerciam uma grande atração sobre o resto da Europa, estimulando sobretudo as ambições territoriais

22. Jacob Burckhardt, *The Civilization of the Renaissance in Italy*, tradução de S. G. C. Middlemore. Oxford e Londres: Phaidon, 1945, p. 57.

23. [...] *combinazioni* [...].

da Espanha e da França. Estas, após terem conseguido se unificar sob a autoridade absolutista de Luís XI e de Fernando de Aragão, se voltavam para o vácuo político existente no sul do continente, que se oferecia como presa fácil ao seu ímpeto expansionista. A Espanha já ocupava a Sicília, que retornara ao seu poder ao morrer, sem herdeiros, Afonso, o Magnânimo, ocupação que, por certo, intensificou o interesse dos reis católicos na península; por sua parte, Carlos VIII se sentia atraído pela Itália, não somente em razão das aspirações francesas sobre Nápoles, mas também devido aos seus próprios sonhos imperiais de cruzada e conquista no Oriente.

Com a morte, em 1492, de Lourenço de Medici, que desempenhara o papel de guardião da paz, as condições políticas da Itália agravaram-se seriamente, criando-se um ambiente de temor generalizado e expectativa de grandes calamidades, para o qual concorriam grandemente as previsões dos astrólogos e as profecias trágicas dos predicadores, entre os quais se destacava Savonarola, que anunciava aos florentinos aterrorizados a vinda de um novo Ciro, enviado por Deus como um flagelo para punir os desregramentos da época.

Sucessor de Lourenço, o Magnífico, foi seu filho Piero que, não possuindo as excelsas qualidades paternas, executou uma política imprudente e medíocre, política fatal para o domínio dos Medici e para a própria república, pois resultou, em síntese, em afastar Florença simultaneamente de Ludovico, o Mouro, e da França. A consequência foi que o primeiro, sentindo-se ameaçado pelo rei de Nápoles de quem Piero se aproximara, celebrou um tratado de aliança com Carlos VIII pelo qual assegurava a este a neutralidade de Milão no caso de uma expedição francesa contra Nápoles, o que certamente encorajou o monarca francês a descer sobre a Itália com seu exército. Em agosto de 1495, Carlos VIII, inaugurando uma época de sucessivas intervenções estrangeiras em solo italiano, entrou no Piemonte, sendo recebido amistosamente por Ludovico, o Mouro; seguia depois vitoriosamente pela Romanha e entrava na Toscana, estabelecendo o pânico em Florença. Piero de Medici, fora de si, corre ao encontro do rei, ajoelha-se ignominiosamente a seus pés e oferece-lhe não somente as fortalezas de Pisa e Livorno, que Carlos VIII desejava, mas ainda, por acréscimo, Sarzana, Sarzanello, Librafratta e Mutrone, além de duzentos mil florins, que lhe não tinham sido solicitados. Quando a notícia de semelhante torpeza chega a Florença, a cidade se subleva indignada contra os Medici, lançando por terra o seu regime e obrigando-os a tomar o caminho do exílio. Pouco depois, entram em Florença, triunfantes, as tropas francesas, tendo à frente Carlos VIII, que o povo ovaciona convencido pela pregação de Savonarola de que se tratava de um emissário de Deus, enviado para punir e reformar a Igreja. Constituído um governo provisório que consegue enfrentar com sucesso as excessivas pretensões do monarca francês, este prossegue sua vitoriosa excursão rumo a Siena, sem encontrar maior resistência; ao passar por Pisa, empresta apoio às aspirações de independência dos pisanos, que se rebelam contra o domínio de Florença, expulsando os comissários da república.

A invasão estrangeira, que interromperia durante 18 anos o poder da oligarquia Medici, resultou na ascensão política de Savonarola, que emergiu dos acontecimentos como a personalidade dominante do momento, venerada pelo povo como um profeta e homem de vida santa. Delineadas duas tendências na constituição do novo Estado – uma oligárquica e outra democrática –, o frade dominicano deu seu apoio à segunda, contribuindo para a instauração de um regime popular. Sob sua crescente influência, porém, o governo florentino ganhou em breve uma feição nitidamente teocrática, tendo Savonarola proclamado Cristo rei de Florença e levado sua campanha religiosa e moralista, que se prolongaria por quatro anos, a um grau de exasperação que nem a própria Idade Média conhecera.

> Savonarola trouxe à vida religiosa [escreve Pastor] uma rigidez, um escrúpulo e exagero desconhecidos na Idade Média. Em seu zelo, ele raramente sabia manter a justa medida.[24]

24. *Il Savonarola portò nella vita religiosa* – escreve Pastor – *una rigi-*

Para o fanatismo do monge, o Renascimento se apresentava como uma ressurreição de paganismo que urgia de todos os modos combater: o jogo de azar era punido com a tortura, os blasfemadores tinham a língua perfurada, os criados eram animados a espionar os patrões, e o número de pessoas que, impressionadas com as ardentes exortações do dominicano à penitência, procuravam ingressar nos conventos tornou-se tão grande, e a prática do jejum tão comum e prolongada que, narra Pastor, a certa altura o governo foi obrigado a reduzir os impostos pagos pelos fornecedores de carne, para salvá-los de um desastre financeiro...

Ao mesmo tempo que crescia sua autoridade, mais veementes se tornavam as críticas de Savonarola contra a corrupção da Igreja e, em particular, contra a Cúria Romana e a própria pessoa do papa Alexandre VI, cujo nepotismo desenfreado e desregramento moral o prior de São Marco denunciava publicamente, em palavras candentes. De nada valeram, para detê-lo, as medidas disciplinares a que recorreu o pontífice; a própria comunhão foi declarada inválida por Savonarola, que ameaçou Alexandre VI de deposição por um concílio. Como recurso final, Roma ameaçou lançar o interdito contra Florença. O fracasso

dezza, una scrupolosità ed esagerazione ignota al medio evo. Nel suo zelo raramente egli sapeva tenere il giusto mezzo. Ludovico Von Pastor, ob. cit., p. 176.

da famosa prova do fogo[25] e a crescente pressão do papa levaram o governo florentino a prender e processar frei Savonarola, que, após haver sido torturado e acusado de impostura, foi enforcado e queimado, juntamente com dois de seus companheiros mais fiéis, a 23 de maio de 1498, na Praça da Senhoria, tendo sido suas cinzas lançadas às águas do Rio Arno. ✳ ✳ ✳

25. Tendo Savonarola, certa vez, se prontificado a atravessar o fogo para provar a verdade de sua missão, a 25 de março de 1498 o franciscano Francisco di Paglia desafiou-o a enfrentar com ele a referida prova, dizendo em prédica pública, na Igreja de Santa Croce: "eu bem creio que arderei, mas estou pronto para esse sacrifício para libertar o povo. Se Savonarola não arder comigo, considerai-o um verdadeiro profeta". (*io credo bene che arderò, ma sono pronto a questo sacrificio per liberare il popolo. Se il Savonarola non arde con me, credetelo un vero profeta.*) Savonarola, porém, não aceitou o desafio; em seu lugar, ofereceu-se seu ardoroso discípulo frei Domenico da Pescia. Mas no dia marcado, perante grande multidão reunida em torno à fogueira armada na Praça da Senhoria, surgiu uma séria disputa entre dominicanos e franciscanos, pelo fato de insistir frei Domenico em entrar no fogo carregando consigo a hóstia consagrada. Exaltados os ânimos, as autoridades decidiram pôr termo ao desafio que redundou, assim, em grande desprestígio para Savonarola, que perdeu, em um só dia, sua auréola de profeta divino. Ludovico Von Pastor, ob. cit., p. 488-493.

CAPÍTULO QUARTO

Morto que foi Savonarola, todos os seus adeptos foram sumariamente demitidos dos cargos que ocupavam no governo da República. Entre os postos que então ficaram vagos figurava o do secretário da segunda chancelaria de Florença. Para ele, exatamente cinco dias depois do suplício do frade, foi nomeado um jovem do qual, até aquela data, não se ouvira falar: Niccolò di Bernardo Machiavelli, tinha já completado 29 anos, mas sobre ele não consta, em qualquer documento da época, a menor referência capaz de nos esclarecer sobre os caminhos que percorrera antes de chegar ao Palácio da Senhoria. Só nos resta conjeturar sobre os fatores e influências que se combinaram, na primeira fase de sua vida, para configurar-lhe a personalidade e aprestá-lo, já maduro e equipado, para as lides práticas da burocracia e da diplomacia florentinas. Mas não resta dúvida de que, como observa Roberto Ridolfi, o conhecimento da segunda metade da vida de Maquiavel contribui para iluminar de certo modo os anos obscuros de sua formação, na medida em que revela nele um processo de permanente confronto de lições previamente assimiladas na meditação das obras clássicas com a experiência viva e palpitante do momento histórico.

Quando Maquiavel surgiu na cena pública, a república de Florença dispunha de uma população de, aproximadamente, cem mil habitantes, mas, como toda a população rural não gozava de direitos políticos, apenas uns três mil florentinos participavam ativamente da vida política. O professor Myron P. Gilmore [26] aponta como uma das mais sérias fraquezas da organização florentina o fato de a mesma não prever um modo de fazer os súditos toscanos e os habitantes do campo participarem do processo governamental. Essa política de deixar à margem da vida pública grande massa da população, gerou nesta última uma grande indiferença pela sorte das instituições e pela defesa do próprio Estado. Sabiam os camponeses que o governo florentino não se interessava pelo seu bem-estar, só exigindo deles a continuidade de seu labor agrícola. De seu lado, sentindo quão tênue era a lealdade da maioria, Florença preferia repousar sua segurança em tropas mercenárias, ao invés de confiar na combatividade e devotamento de seus súditos.

O governo em Florença era ostensivamente democrático, nota Gilmore, mas na realidade as instituições herdadas de um período democrático anterior só serviam, no século XV, para mascarar um rígido controle oligárquico. O mecanismo governamental se revestia de grande

26. Myron P. Gilmore. *The World of Humanism*. Nova Iorque: Harper & Brothers, 1952, p. 110.

complexidade: havia nele representantes das quatro zonas urbanas em que estava dividida a cidade e das suas 21 corporações profissionais. O órgão governamental mais importante era a Senhoria, integrada por nove membros, sendo dois priores de cada uma das quatro seções urbanas e um gonfaloneiro[27] de justiça ou magistrado. Estes eram eleitos de dois em dois meses mediante sorteio, os seus nomes sendo tirados de um saco em que se colocavam os nomes de todos os candidatos elegíveis, na proporção devida para representarem as corporações e as zonas territoriais. A Senhoria era assessorada por dois órgãos de caráter colegial e subordinados, os 12 "homens bons"[28] e os 16 "gonfaloneiros" de companhia. Funcionavam ainda dois conselhos: o conselho do povo e o conselho da comuna, cuja função era a de aprovar os projetos apresentados pela Senhoria. Em ocasiões extraordinárias, convocava-se o "parlamento"[29] ou assembleia de todos os cidadãos, incumbida de nomear uma comissão de reforma para exercer as funções de governo durante uma emergência.

27. Nota do tradutor de língua italiana: Na Idade Média, quem zelava pelo *gonfalone*, o estandarte do Comune era o *gonfaloniere*. O termo passou a indicar magistraturas específicas, sobretudo nas cidades toscanas, por exemplo, *gonfaloniere della giustizia*.

28. [...] *boni homines* [...].

29. [...] *parlamentum* [...].

Constituíam também o governo comissões especiais nomeadas pela Senhoria, como a dos Oito, responsável pela polícia, a dos Seis, encarregada de assuntos comerciais, e a dos Dez, à qual cabiam os problemas concernentes à guerra. É evidente, comenta Gilmore, a cujo livro devemos os dados acima, que, embora democrática na forma, uma tal constituição era suscetível, pela sua própria complexidade, de ser manipulada pelos grupos poderosos locais, o que sucedeu sistematicamente durante o domínio dos Medici.

Caídos estes últimos com a invasão francesa, a inquietação política dos florentinos abriu um grande debate constitucional para apurar as modificações que se impunham a fim de melhorar o mecanismo governamental. Propostas foram então apresentadas, com base na muito admirada constituição de Veneza, para se criar um conselho e um senado. Em dezembro de 1494, sob a influência de Savonarola, foi instituído um conselho maior, composto dos cidadãos maiores de 29 anos e cujos antepassados houvessem exercido um dos três principais cargos da república (prior, gonfaloneiro ou membro do conselho). Este conselho elegia oitenta cidadãos de mais de quarenta anos, que constituíam um conselho correspondente ao senado veneziano. Mais tarde, depois da morte de Savonarola, o cargo de gonfaloneiro passou a ter caráter vitalício, sendo ocupado, por Piero Soderini, durante oito anos.

Ao assumir Maquiavel o seu cargo, o governo de Florença dispunha de um primeiro e de um segundo secretários, responsáveis pela primeira e segunda chancelarias da república; aquela se ocupava dos assuntos externos e da correspondência com o exterior, e esta, dos assuntos internos e da guerra. As atribuições de ambas, no entanto, longe de estarem perfeitamente delineadas e definidas, ao contrário frequentemente se confundiam e se entrecruzavam, havendo, ademais, um elo de subordinação que submetia a segunda à autoridade da primeira. Tinha, portanto, sua importância o cargo a que Maquiavel dedicaria os próximos 14 anos de sua vida, embora não pudesse ser comparado ao de primeiro secretário da república, com o qual foi muitas vezes confundido, e para o qual foi nomeado Marcello Virgilio Adriani, professor ilustre e solene orador, que servia diretamente à Senhoria.[30] Na chefia da segunda chancelaria, que ele valorizou a ponto de ficar conhecido na história como o secretário florentino, Maquiavel secretariava também a Comissão dos Dez. Sua atividade se distribuía entre tarefas burocráticas e de assessoria política, em que revelou desde logo grande tino e operosidade, e missões diplomáticas que foram crescendo em importância à medida que se afirmaram seu prestígio de funcionário consciencioso e sua reputação intelectual.

30. [...] *Signoria.*

Era Maquiavel, como o descreve Villari,[31] homem de meia altura, magro, de olhos vivíssimos, cabelo escuro, testa mais estreita do que larga, nariz ligeiramente aquilino, boca de lábios finos e cerrados. Os retratos que se conhecem dele nos colocam diante de uma fisionomia iluminada por um sorriso sutil e ambíguo e por um olhar cintilante de malícia. Espírito sarcástico e cínico, calculador e impassível na aparência, de uma lógica cerrada e fria na sua argumentação, não era, porém, desprovido de fantasia – uma fantasia que algumas vezes o dominava, fazendo-o parecer um visionário. Tudo nele dava a impressão de um pensador e de um observador extremamente sagaz, assinala aquele seu biógrafo, mas não de um homem respeitável e que se impusesse aos outros. Faltava-lhe de todo a preocupação burguesa de manter as aparências e de cultivar a própria respeitabilidade social. Talvez, por isso, sua influência não tenha estado nunca à altura de seus méritos, como observa De Sanctis, que acrescenta:

> [...] era considerado homem de pena e gabinete, como se diria hoje, mais do que homem de estado e de ação. Sua pobreza, sua vida desregrada, seus hábitos plebeus e anticonvencionais, como lhe censurava o corretíssimo Guicciardini, não contribuíam para criar-lhe boa reputação. Consciente de sua grandeza, des-

31. Pasquale Villari, ob. cit., p. 316-317.

prezava as exterioridades formais e os meios artificiais de abrir caminho no mundo, os quais são tão familiares e fáceis aos medíocres.[32]

Sua verdadeira consagração seria, de fato, toda póstuma. No entanto, sempre se revelou Maquiavel um apaixonado pelo trabalho, pronto a vibrar e a interessar-se pelos homens representativos e pelos acontecimentos relevantes de seu tempo. Amava a música, mas não era sensível às artes plásticas, como resulta evidente da ausência quase total em sua obra de referências às obras-primas que contemporâneos geniais criavam sob seus olhos. As horas de lazer, gostava de dedicá-las à leitura, à conversação com os amigos e aos prazeres sensuais da vida, sem que, entretanto, vícios mais sérios lhe possam ser imputados, a não ser, escreve Ridolfi, "luxúria de mulher"...[33] Mas o biógrafo acrescenta indulgentemente: "naquela avidez desafogando uma exuberância de vida e, talvez, de afetos".[34]

32. Francesco De Sanctis, ob. cit., p. 53.
33. [...] *libidine di femmine* [...].
34. [...] *in quella avidità sfogando un'esuberanza di vita e forse di affetti.* Roberto Ridolfi, ob. cit., p. 20.

Ao iniciar Maquiavel sua atividade pública, o problema de política externa mais importante que preocupava o governo de Florença era o que fora criado pela rebelião de Pisa, que se proclamara independente, aproveitando-se da passagem de Carlos VIII. Todos os esforços e atenções da república se concentravam no objetivo de reconquistar aquela cidade. Inicialmente, os florentinos empregaram seus recursos diplomáticos para convencer o monarca francês a ajudá-los na empresa de reaver o domínio perdido, mas nada conseguindo se decidiram finalmente a recorrer à força. A guerra de Pisa foi então preocupação constante de Maquiavel. Além de seu trabalho normal de chancelaria, dos ofícios, das cartas e das instruções que redigiu anonimamente, escreveu diversos relatórios[35] ou memorandos[36] assinados para informar ou aconselhar seus superiores sobre questões particulares de ordem política ou militar. Tal é, por exemplo, seu *Discurso feito aos dez magistrados sobre as coisas de Pisa*,[37] na verdade o primeiro escrito político de Maquiavel e no qual já demonstra as excepcionais qualidades de lucidez, agudeza, concisão verbal e lógica de argumentação, que tornariam modelares suas futuras análises políticas e relatórios diplomáticos. A propósito desse discurso, Ridolfi escreve:

35. [...] *relazioni* [...].

36. [...] *memoranda* [...].

37. *Discorso Fatto al Magistrato die Dieci Sopra le Cose di Pisa.*

[...] já revela a unha do leão: perspicaz no expor os pontos de vista dos capitães e os seus próprios, agudo nos julgamentos, robusto no estilo, não é difícil compreender, lendo-o, porque a Senhoria desse cada dia maior importância a esse seu secretário.[38]

Em breve, firmada sua reputação de funcionário zeloso e competente, a Senhoria lhe confiava sua primeira missão externa, missão de pequena monta que consistia em convencer um dos condotieros a serviço de Florença, o senhor de Piombino, a contentar-se com o soldo que vinha recebendo da república, afirmando-lhe, ademais, que Florença tinha em grande conta sua amizade. Mas, sobre este último ponto, as instruções que o emissário recebeu advertiam-no:

[...] e nesta parte te estenderás com palavras eficazes, para lhes demonstrar uma boa disposição nossa, mas com termos amplos e muito gerais, que não nos obrigam a coisa alguma.[39]

38. Roberto Ridolfi, ob. cit., p. 39.

39. [...] *ed in questa parte ti estenderai con parole efficaci, per dimostrargli una buona nostra disposizione, ma con termini larghi e molto generali, i quali non ci obblighino a cosa alcuna.* Em *Tutte le Opere di Niccolò Machiavelli.* Florença: Borghi & Compagni, 1833, p. 547.

Maquiavel desincumbiu-se satisfatoriamente dessa sua missão, e logo em seguida, em julho de 1499, recebia encargo diplomático mais importante e difícil: negociar com Catarina Sforza, condessa de Ímola e Forli, e viúva de Girolamo Riario, os termos da "contratação"[40] de seu filho mais velho, Ottaviano. Florença contratara este último mo como "condotiero",[41] à instância de Catarina, pagando-lhe a contragosto a soma de 15 mil ducados, apesar de sabê-lo militarmente incapaz. Tinham os florentinos, porém, grande interesse em manter boas relações com Catarina, possuidora de um bom exército e dispondo também de um importante estoque de munições. Maquiavel levava instruções no sentido de reduzir a soma paga a Ottaviano Riario a dez mil ducados; de obter quinhentos soldados de infantaria e adquirir munição de artilharia destinada ao assédio de Pisa, e, sobretudo, era-lhe ordenado que tudo fizesse para manter e fortalecer a amizade de Catarina Sforza, pois seus domínios, pela sua situação estratégica, interessavam grandemente aos objetivos defensivos de Florença. De seu lado, não era menor o interesse da

40. Nota do tradutor de língua italiana para *condotta*: pacto pelo qual um *condittiere*, com um certo número de soldados às suas ordens, era contratado por um príncipe ou por uma comuna.

41. Nota do tradutor para *condittiere*: comandante de uma tropa de mercenários.

condessa de Forli em assegurar a *contratação* para o filho e de contar com as simpatias de Florença, já que sentia crescer sobre toda a Romanha a sombra ameaçadora de Cesar Borgia, ao mesmo tempo que verificava a precariedade da posição de Ludovico, o Mouro, devido às pretensões francesas sobre Milão. Mas nada disso a impediu de procurar conseguir de Florença as maiores vantagens possíveis, exigindo que esta se comprometesse por escrito a defender seus Estados. Mulher de uma energia e de uma habilidade extraordinárias, possuindo todas as qualidades de um verdadeiro estadista, Catarina Sforza recebeu Maquiavel tendo a seu lado o enviado milanês e foi logo declarando que "dos florentinos, sempre lhe agradaram, as palavras, e desagradaram os feitos".[42] Comunicou-lhe, ainda, que recebera de Milão melhores ofertas do que as de Florença e que estava prestes a dar-lhe uma resposta. Fazia evidentemente seu jogo diplomático, mas Maquiavel, no qual o gênio político supria a inexperiência, não se deixou enredar na manobra, contrapondo-lhe argumento a argumento, e de tudo mantendo informada Florença. Depois de vários dias de avanços e recuos de parte a parte, a *contratação* foi renovada na base de apenas 12 mil ducados e o compromisso florentino de defender Ímola e Forli não foi reduzido a uma garantia escrita, como dese-

---

42. [...] *dei fiorentini esserle sempre piaciute le parole, dispiaciuti i fatti.*

java Catarina. Resultados esses que causaram satisfação à Senhoria, onde as cartas de Maquiavel sobre o curso das negociações foram muito louvadas.

De volta a Florença, trazendo no espírito a forte impressão que lhe causara a personalidade de Catarina Sforza, Maquiavel encontrou reacesa a guerra de Pisa e acompanhou de perto os acontecimentos que levaram à desgraça o comandante das tropas florentinas, o famoso condotiero Paolo Vitelli. Este fora recentemente, juntamente com seu irmão Vitellozzo, contratado para comandar o ataque a Pisa: prestara juramento solene, em cerimônia pública, na Praça da Senhoria, mas seu estranho procedimento de não permitir que seus comandados se aproveitassem de uma brecha aberta nos muros de Pisa pela artilharia florentina, para se apoderarem da cidade, lançou sobre ele a suspeita de traição. Apesar dos protestos de inocência de Vitelli que, mesmo sob tortura, nada confessou, foi ele decapitado na mesma praça em que jurara meses antes fidelidade à república. Seu irmão Vitellozzo só não foi morto também porque conseguiu escapar a tempo.

No norte da Itália, entrementes, desencadeava-se a segunda invasão francesa. Luís XII, sucessor de Carlos VIII, e descendente dos Visconti, alimentava pretensões sobre

Milão. Intitulando-se "rei de França e duque de Milão", e celebrando uma aliança com os venezianos, o monarca francês marchou em 1499 sobre o ducado, conquistando-o em dois meses. Ludovico, o Mouro, vendo-se sem aliados, abandonou Milão aos invasores, comandados pelo exilado milanês Giangiacomo Trivulsio. Em breve, porém, os abusos praticados pelas tropas francesas criaram um descontentamento geral. Ludovico, o Mouro, reunindo mercenários suíços, conseguiu reentrar na cidade, mas, traído a seguir pelas suas tropas, foi entregue aos franceses, que o mandaram prisioneiro para a França, onde morreu anos depois.

A vitória francesa deixou Florença em situação difícil pelo fato de haver mantido uma atitude de indecisão e dubiedade entre Luís XII e o Mouro. O governo florentino apressou-se então em se aliar ao vencedor, na esperança de conseguir ajuda militar para reconquistar Pisa. Luís XII, encorajado pela sua vitória milanesa, voltou-se para Nápoles. Para conquistar as boas graças de Alexandre VI, emprestou seu apoio a César Borgia, que se apoderou de Ímola e Forli, apesar da heroica defesa de Catarina Sforza. Exigiu de outro lado uma forte compensação financeira dos florentinos, concordando afinal em enviar suas tropas, na maior parte integradas por mercenários suíços e gascões, para reforçar o ataque contra Pisa. O auxílio francês, porém, resultou inútil e desastroso devido à anarquia, indisciplina, ganância e pouca combatividade dos mercenários. Maquiavel, enviado pela Comissão dos Dez para cooperar com os comissários florentinos que acompanhavam *in loco* as operações militares, testemunhou um tal espetáculo de desobediência e violência dado pela soldadesca, que ficou para sempre com a convicção de que os mercenários só traziam desgraça e ruína a quem os contratasse, e que era indispensável organizar uma milícia comunal para a defesa de Florença.

A atitude anárquica e a falta de vontade de combater das tropas francesas, que só se mostravam interessadas em comer e receber o soldo, tornaram necessário enviar uma missão a Luís XII para lhe explicar a situação em que se achava Florença. Empresa delicada e difícil, uma vez que consistia em expor ao monarca a baixa qualidade dos soldados que deixara na Itália. Para essa espinhosa missão, que tanto exigia em tato, discrição e capacidade de observação, foram escolhidos Francesco della Casa e Nicolau Maquiavel, nomeados ambos como "mandatários", não havendo entre os dois qualquer diferença de grau ou autoridade.

Essa missão teria grande significação na vida de Maquiavel, pois viria alargar-lhe os horizontes, proporcionando-lhe a primeira oportunidade de sair da Toscana e de conhecer de perto um país que conseguira superar o fracionamento de poder político do feudalismo, unificando-se em torno do rei, e impor-se assim no cenário europeu como uma de suas maiores potências. Não foi fácil aos dois enviados desempenhar-se da incumbência que lhes fora confiada. Recebidos por Luís XII e por seu ministro, o cardeal de Rouen, em Nevers, onde se encontrava a corte francesa, narraram lhes as desordens ocorridas no campo de batalha pisano, onde os mercenários haviam chegado a prender o comissário florentino. Tanto o rei quanto o cardeal, porém, não se comoveram com as dificuldades de Florença, e retrucaram que a esta devia certamente caber parte da culpa pelo insucesso, acrescentando ser necessário prosseguir na empresa contra Pisa para desagravar a honra real. Insistiram ainda que Florença continuasse a manter a suas expensas as tropas mercenárias que tão mal haviam provado. Sem instruções suficientes para decidir questões de tal relevância e sabendo, de outra parte, que a república não somente não dispunha de recursos para continuar a guerra como ainda não estava disposta a continuar a sustentar soldados daquela espécie, Della Casa e Maquiavel se viram em situação seriamente embaraçosa, obrigados a se equilibrar diplomaticamente entre a demora da Senhoria em tomar uma decisão definitiva e as exigências de Luís XII.

Maquiavel, que redigia todas as comunicações enviadas à Senhoria pela legação, solicitou ao governo florentino a designação de embaixadores que, com maior autoridade e instruções mais completas, pudessem negociar em outras bases com o rei. Mas Florença encontrava dificuldades em nomear a nova missão e nada mandava dizer de positivo, capaz de aplacar a impaciência e a ira crescentes de Luís XII e de seu ministro, que faziam ameaças de ruptura e tratavam os dois enviados com indisfarçada aspereza.

De agosto a dezembro de 1500, permaneceu Maquiavel na França, acompanhando a corte de cidade em cidade, grande parte do tempo sozinho, pois Della Casa, pretextando doença, partiu para Paris, deixando-o entregue à hostilidade do ambiente real. Suas cartas, porém, não deixavam de aconselhar a Senhoria a ser prudente, a esquecer ressentimentos, boas razões e o próprio direito, diante da maior força do monarca francês, um aliado que os florentinos não podiam dispensar. Finalmente, Florença concordou em pagar as tropas suíças e a nomear embaixadores com instruções capazes de satisfazer Luís XII. Maquiavel, autorizado a partir, regressa à sua cidade com sua reputação acrescida pela excelência das cartas que enviara à Senhoria, e o espírito enriquecido pelas observações que colhera sobre a psicologia e a organização política e militar dos franceses, observações que fixaria mais tarde, somadas a novos elementos colhidos em duas outras missões em terras de França, nos seus escritos *Retratos das coisas de França* e *Sobre a natureza dos gauleses*.[43]

---

43. [...] *Ritratti delle cose di Francia* e *De natura gallorum*.

Foi ao regressar da França que Maquiavel contraiu matrimônio. Casou-se com Marietta di Lodovico Corsini, "donzela famosa pela índole, de engenho perspicaz",[44] como escreve Tommasini.[45] Dela, teve seis filhos, sendo quatro homens, Bernardo, Lodovico, Guido e Piero e duas mulheres, Bartolomea ou Baccia, como era chamada, e outra, que não chegou a vingar. Observa Ridolfi que Maquiavel foi "pai amoroso e certamente teve pela boa Marietta um tranquilo afeto", mas acrescenta: "não era homem de andar sempre atrás da mulher; mesmo, porém, que tivesse querido, não o teria podido devido às suas ocupações".[46]

De fato, suas missões fora de Florença e mesmo da Itália o levaram a viver longos períodos longe da família. E é evidente que o casamento não impediu Maquiavel de viver suas aventuras amorosas mais ou menos sérias ou simplesmente licenciosas...

Os tempos, porém, não permitiam repouso a Maquiavel: Pistoia, cidade que Florença conservava sob seu domínio mediante a tática de explorar a divisão secular dos pis-

---

44. [...] *donzella egregia per indole, perspicace d'ingegno* [...].

45. Oreste Tommasini, ob. cit., p. 217, v. I.

46. Roberto Ridolfi, ob. cit., p. 71.

toienses entre os partidos dos Panciatici e dos Cancellieri, se achava em estado de rebelião, causando grande preocupação ao governo florentino. Mal havia regressado da França, Maquiavel foi enviado, na qualidade de "comissário com amplíssima autoridade",[47] para verificar *in loco* a situação; a comissão se repetiria por mais duas vezes no mesmo ano e dela nasceria um relatório sobre o problema de Pistoia. Na política de Florença prevaleceria afinal o parecer do secretário, no sentido de proibir, destruir e anular os partidos pistoienses.

---

47. [...] *comissario con amplissima autorità* [...].

CAPÍTULO QUINTO

O problema maior que se apresentava, naquela época, a Florença era a crescente expansão de Cesar Borgia pela Romanha. O temível filho de Alexandre VI, entregue a uma política de engrandecimento dos Estados pontifícios, conquistara Faenza, fazendo prisioneiro seu defensor Astore Manfredi, que mais tarde mandaria matar no Castelo de Sant'Angelo, e após essa conquista o papa o fizera duque da Romanha. Em seguida, voltara-se Cesar Borgia contra Bolonha, mas, advertido pelo rei da França, que tinha a cidade sob sua proteção, recuou, dirigindo-se para assaltar Piombino, sem aguardar a resposta dos florentinos, a quem pedira permissão para atravessar seu território. Sentindo-se seguro, exigiu Cesar Borgia de Florença que celebrasse com ele uma liga, que o tomasse a serviço da república como condotiero pagando-lhe um pesado tributo, e que mudasse o governo por um que lhe fosse politicamente mais simpático. Com exércitos do duque quase às portas da cidade, Florença dispunha-se a ceder quando, sob a pressão de Luís XII, Cesar Borgia foi obrigado a levantar acampamento. Lançou-se, então, sobre Piombino, que conquistou rapidamente, deixando em sua esteira a devastação e o terror. Conquistadas também Pesaro e Rimini, retornou triunfante a Roma, onde o papa o recebeu com grandes manifestações de júbilo.

Um ano depois, em junho de 1502, Cesar Borgia partiu novamente de Roma, à frente de suas tropas. Marcha sobre Spoleto, mas inesperadamente, num golpe de surpresa e audácia que Maquiavel consideraria admirável, volta-se contra o ducado de Urbino, ao qual pouco antes pedira amistosamente reforços de artilharia que lhe foram de boa-fé enviados, e conquista em breve todo o domínio. No mês seguinte, ataca e se apodera de Camerino, afirmando-se já então como a figura mais temível da Itália, com o título de: Cesar Borgia de França, por graça de Deus duque da Romanha, de Valenza e de Urbino, príncipe de Andria, senhor de Piombino, gonfaloneiro e capitão-geral da Igreja.

Diante do avanço aparentemente sem limites de Cesar Borgia, cujo condotiero Vitellozzo Vitelli insuflara, ademais, a rebelião de Arezzo, ocupando-a em seguida, Florença com razão se inquieta, ao mesmo tempo que cresce na cidade o descontentamento popular contra o governo. Sentiam-se os florentinos, na verdade, seriamente ameaçados, vendo as ricas terras do Valdechiana – Cortona, Castiglione, Anghiore e Borgo San Sepolcro – se entregar sem resistência ao invasor. Todas as suas esperanças se voltavam para a ajuda de Luís XII, a quem se dirigiram pedindo reforço. De sua parte, Cesar Borgia, consciente de que encontraria a oposição da França a seus planos de expansão, e considerando a tradicional francofilia dos florentinos, que os isolava no meio da Itália, verificou que tinha dois caminhos a seguir: ou conquistar Florença como sua aliada ou reduzi-la à impotência como sua inimiga. Com tal objetivo, entregou-se a uma política cujo escopo principal era forçar os florentinos a se afastarem da França, fosse por temor dele, fosse por sentirem necessidade de sua amizade. Em consequência, após haver lançado seu lugar-tenente Vitellozzo Vitelli sobre Arezzo e Valdechiana, solicitou à Senhoria que lhe enviasse alguém com quem pudesse negociar.

Aos florentinos muito interessava saber que coisa queria aquele que havia ateado um tão grande incêndio em suas terras, e que podia apagar aquele fogo com um sopro ou torná-lo ainda maior; era muito importante vigiá-lo e entretê-lo até que chegassem os auxílios franceses. Por isso, foi-lhe imediatamente enviado o Bispo de Volterra, Francisco Soderini; e ao Bispo foi dado, mais do que como secretário, como discreto reforço, Maquiavel.[48]

Partem os dois enviados e, ainda a caminho, chega-lhes a notícia da fulminante conquista de Urbino. Na

48. Roberto Ridolfi, ob. cit., p. 73.

carta que remetem à Senhoria, escrita como de costume por Maquiavel, vem narrado o episódio e destacado o estratagema de que lançara mão o astuto Cesar Borgia para conquistar o ducado, com a seguinte conclusão, que bem denota a intenção do secretário de contrapor às hesitações do governo florentino o poder de decisão e a audácia daquele capitão: "para que Vossas Senhorias notem este estratagema e tanta celeridade unida a um grande senso de oportunidade".[49]

Estava lançada, no espírito de Maquiavel, a semente da grande admiração que no restante de sua vida consagraria à figura de Cesar Borgia, considerada por ele a perfeita encarnação de seu conceito de coragem, admiração que o convívio posterior com o filho de Alexandre VI só faria aumentar, levando-o mais tarde ao ponto de apresentá-lo como o modelo por excelência de sua concepção do príncipe.

Depois das primeiras audiências com Cesar Borgia – que além de manifestar abertamente o desejo de ver mudado o governo de Florença, afirmara ameaçadoramente: "se não me quiserdes amigo, me experimentareis como inimigo"[50]–, Maquiavel, que o observara cuidadosamen-

---

49. Segundo Roberto Ridolfi, ob. cit., p. 74 [...] *si che notino Vostre Signorie questo stratagemma e tanta celerità coniunta a una eccellentissima felicità.*

50. [...] *se non mi vorrete amico, mi proverete inimico* [...].

te, medindo e sopesando com argúcia seu caráter e modo de agir, traça dele o seguinte retrato:

> [...] esse senhor é esplêndido, magnífico, e tão corajoso nas armas que não há tarefa grande que não lhe pareça pequena, e pela glória, para conquistar poder, nunca descansa nem se deixa vencer pela fatiga e pelo perigo: chega aos lugares antes que se possa saber de sua partida do lugar de onde veio; se faz querido de seus soldados; tem consigo os melhores homens da Itália: e essas coisas todas, junto com uma sorte perpétua, fazem dele um temível vitorioso.[51]

Pouco tempo depois, a aproximação das tropas francesas veio aliviar Florença da pressão que sofria, obrigando Cesar Borgia a reduzir ao mínimo suas exigências e a retirar suas milícias da Toscana, o que permitiu aos florentinos reaver suas terras. Um ano após a recuperação da Valdichiana, Maquiavel escreveu *Do modo de tratar os súditos da Val-*

---

51. [...] *questo signore è molto splendido e magnifico, e nelle armi è tanto animoso che non è si gran cosa che non li paia piccola, e per gloria e per acquistare stato mai si riposa nè conosce fatica e periculo: giugne prima in un luogo che se ne possa intendere la partita donde si lieva; fassi ben volere a' suoi soldati; ha cappati e' migliori uomini d'Italia: le quali cose lo fanno vittorioso e formidabile, aggiunte con una perpetua fortuna.* Carta de 26 de junho de 1502, segundo Roberto Ridolfi, ob. cit.

dichiana[52] – considerado seu primeiro escrito político que não se prende a uma necessidade imediata da chancelaria, e que já prenuncia, no seu modo característico de aplicar a sabedoria política antiga às questões do seu tempo, as obras fundamentais de sua maturidade. Nele, o secretário deixaria bem clara a frieza de sua lógica política ao afirmar que

> [...] os povos rebelados devem ser beneficiados ou exterminados, qualquer via intermediária será danosa..[53]

Como nota Ridolfi,

> [...] a virtude mediana do antigo dito, pelo menos em política, não tinha sido feita para ele.[54]

Em Florença, entrementes, o sentimento de que era necessário proceder a uma reforma institucional levava à criação do cargo de gonfaloneiro perpétuo, para o qual foi eleito Piero Soderini, que gozava do favor popular, e que realizaria um governo benéfico à república. Embora Maquiavel não houvesse se regozijado com o resultado da eleição, pois

52. *Del Modo di Trattare i Sudditi della Valdichiana.*

53. [...] *i popoli rebellati deversi o beneficare o spegnere, ogni altra via de mezzo essere dannosa.*

54. [...] *la mezzana virtù dell'antico detto, almeno in politica, non era fatta per lui.* **Roberto Ridolfi, ob. cit., p. 80.**

tivera outro candidato em que depositava maior confiança, iria se tornar indispensável a Soderini, que ficaria conquistado pelas altas qualidades de operosidade, devoção, sagacidade, presteza e espírito de resolução de seu subordinado, cujas últimas missões lhe haviam granjeado indiscutível prestígio junto à Senhoria e à Comissão dos Dez.

Cesar Borgia, entretanto, não dava tréguas aos que se atravessavam diante de seus intuitos conquistadores. Depois de haver conseguido, com uma ida a Milão, angariar as boas graças de Luís XII, prometendo-lhe ajuda em sua empresa contra Nápoles, consegue do rei carta branca para arrebatar Castello das mãos de Vitellozzo Vitelli e Bolonha de Bentivoglio, lançando assim a inquietação entre seus próprios condotieros, que, temerosos de acabar "um a um devorados pelo dragão",[55] se reúnem em Mangione para conspirar contra o duque. Os conjurados eram o cardeal Orsini, o duque de Gravina, Paolo e Franciotto Orsini, Ermete Bentivoglio, Ottaviano Fregoso, representante de seu tio Montefeltro, Anton de Venalfro, representante de Pandolfo Petrucci, Oliverotto de Fermo, Giovan Paolo Baglioni e Vitellozzo Vitelli, que formam uma liga jurando ajudar-se "como verdadeiros e bons irmãos".[56] Cesar Borgia, porém, tramava de seu lado, e sua astúcia

55. [...] *uno a uno devorati dal dragone* [...].

56. [...] *come veri e buoni fratelli.*

política conseguiria romper a unidade dos inconfidentes, levando-os à perdição final. Antes de chegar, no entanto, o momento de vibrar o golpe decisivo, o filho do papa novamente se dirigiu a Florença dizendo-lhe que lhe mandassem um embaixador com o qual pudesse negociar os termos de uma aliança particular.

"Mas falar ao povo de Florença da aliança com o ex-clérigo bastardo era um problema, era ir de encontro à santa memória de Savonarola".[57] Quando se divulgou a notícia em Florença de que se pensava em celebrar tratado com o duque, manifestações de protesto ocorreram na cidade.

Depois de muita hesitação e debate, o governo decidiu tomar um caminho médio: não mandariam um embaixador, como pedira Cesar Borgia, mas apenas um funcionário do Estado, capaz de fazer frente ao temível interlocutor sem, no entanto, autoridade para assumir compromissos de monta; foi nomeado, assim, a 5 de outubro de 1502, Nicolau Maquiavel, qualificado pela Senhoria de "nobilíssimo cidadão e secretário",[58] no que havia, como nota Tommasini, o intuito evidente de valorizar o enviado aos olhos de Cesar Borgia.

57. Oreste Tommasini, ob. cit., v. I, p. 241. *Ma parlare al popolo di Firenze d'alleanza collo schiericato bastardo era guai; era un pigliare di cozzo la santa memoria del Savonarola.*

58. [...] *nobilissimo cittadino e segretario* [...].

Maquiavel partiu a cavalo, no dia seguinte ao recebimento das instruções e do salvo-conduto, pois seus superiores lhe recomendavam: "Nicolau, nós te mandamos a Ímola para encontrar Sua Excelência o duque Valentino, para onde tu cavalgarás muito em breve levando cartas oficiais..."[59] Recebido cordialmente por Cesar Borgia, o secretário transmitiu-lhe a mensagem de Florença. Em síntese, esta consistia em comunicar que, embora convidada pelos Orsini, Baglioni, Vitelli e seus companheiros a participar de uma liga contra ele, Florença se recusara, preferindo permanecer fiel à amizade do rei de França e do duque. Durante quase quatro meses, permaneceu Maquiavel ao lado de Cesar Borgia, recebido por este frequentemente em longas audiências que o secretário descreveu minuciosamente, extraindo ensinamentos das palavras e das ações do duque, nas suas famosas cartas endereçadas à Senhoria. Esta, ansiosa por conhecer as intenções de Cesar Borgia, insistia com Maquiavel para que escrevesse mais e mais, o que o levou a replicar:

As V. S. me desculpem, considerem que as coisas não se advinham e entendam que aqui lidamos com um príncipe que governa sozinho a si mesmo; e quem não quiser escrever bizarrias e so-

59. *Niccolò, noi ti mandiamo a Imola a trovare l'Eccellenza del duca Valentino con lettere di credenze, dove tu cavalcherai prestissimo...*

nhos precisa examinar atentamente as coisas, e examiná-las leva tempo: eu me esforço em empregá-lo bem e não jogá-lo fora.[60]

Todo o trabalho de Maquiavel consistia em ganhar tempo, adiando o mais possível qualquer compromisso, sob o pretexto de que Florença aguardava o consentimento do rei de França; tarefa nada fácil para o enviado, que sentia sobre si a permanente pressão de Cesar Borgia, ansioso por uma solução definitiva. Sua situação tornou-se afinal de tal modo constrangedora que insistiu reiteradamente para que o substituíssem "porque, além de perceber que não posso fazer nada de útil nesta cidade, me encontro indisposto..."[61] A Senhoria, porém, não o considerava dispensável e insistia com ele para que acompanhasse o duque por toda parte onde fosse.

A 9 de dezembro, Cesar Borgia marcha para Cesena, mas o mistério continua a pairar sobre suas intenções, ainda que Maquiavel tenha argutamente previsto que ele se preparava para destruir o grupo de condotieros que ha-

60. Segundo Oreste Tommasini, ob. cit., p. 249. *Le V.S. m'abbino per scusato, e pensino che le cose non s'indovinano, e intendano che si ha a fare qui con un principe che si governa da sè; e che chi non vuole scrivere ghiribizzi e sogni, bisogna che riscontri le cose, e nel riscontrare va tempo; e io m'ingegno di spenderlo e non lo gittare via.*

61. Idem. [...] *perchè, oltre a vedere di non poter fare cosa utile a codesta città, vengo in mala disposizione di corpo..... .*

viam ousado coligar-se para enfrentá-lo. Foi em Cesena que o duque mandou prender seu lugar-tenente Ramiro de Lorque, que, em seu nome, havia governado com mão de ferro as cidades da Romanha; no dia seguinte, o cadáver de Ramiro aparecia jogado na praça pública, com a cabeça espetada numa lança. Ninguém sabia ao certo a razão de tal suplício, sendo mais provável que Cesar Borgia tivesse querido desembaraçar-se de um preposto que, após haver realizado trabalho útil, com meios violentos, se tornara inconveniente pela fama de crueldade que lhe criara: sua morte teria sido um meio encontrado pelo duque para reconquistar a simpatia popular. Para Maquiavel, a causa se resumia no seguinte: "agradou assim ao príncipe que mostra saber fazer e desfazer dos homens segundo sua vontade, conforme os méritos de cada um".[62]

Estava-se a 26 de dezembro quando Cesar Borgia partiu com suas tropas de Cesena. Já conseguira, então, com habilidade magistral, dissolver a liga dos condotieros conjurados, que haviam aceito suas propostas de paz, apesar da discordância e advertência de Baglioni, cuja desconfiança das intenções finais do duque os próximos acontecimentos iriam sinistramente confirmar.

---

62. Nicolau Maquiavel, *O príncipe*, cap. VII. [...] *li è piaciuto cosi al principe, il quale mostra di saper fare e disfare li uomini a sua posta, secondo e' meriti loro.*

De fato, Cesar Borgia segue para Pesaro, daí para Fano, e deixa Maquiavel compreender que algo de sensacional estava para suceder. Por ordem e em nome do duque, os condotieros Orsini e Vitelli se apoderam de Sinigaglia, e nessa cidade, juntamente com Oliverotto da Fermo, aguardam a chegada de Cesar Borgia. Este chega à frente de suas tropas, é recebido cordialmente pelos ex-conjurados, saúda-os amistosamente, mas a um sinal, previamente combinado, todos são feitos prisioneiros pela sua guarda. Na mesma noite, Vitellozzo e Oliverotto foram estrangulados. E Cesar Borgia fazia acordar Maquiavel em plena noite para comunicar-lhe, "com a melhor cara do mundo", como notaria mais tarde o secretário, o êxito de seu plano, e acrescentar que os florentinos deviam estar-lhe gratos por haver ele destruído aqueles seus inimigos acérrimos, para se livrar dos quais teriam tido de gastar muito dinheiro e sem um resultado tão perfeito. Pediu em seguida ao duque que Florença lhe enviasse reforços para juntos atacarem Città del Castello e Perugia. Mas, sem esperar resposta, seguiu logo com seu exército rumo a Corinaldo, Sassoferrato e Gualdo, onde recebeu embaixadores daquelas duas cidades que lhe ofereceram rendição. Maquiavel o acompanhava de cidade em cidade, na sua campanha triunfal, quando recebeu uma carta de Florença em que lhe comunicavam haver a república, seguindo sugestão sua, nomeado embaixador junto ao duque um de seus cidadãos mais eminentes, Jacob Salviati. Encerrada sua missão, Maquiavel regressou a Florença, onde chegou a 23 de janeiro de 1503.

Já comunicara à Senhoria os acontecimentos sangrentos de Sinigaglia, mas o episódio de tal modo o impressionara que voltou a ele, posteriormente, escrevendo, com a frieza e objetividade de um cirurgião a descrever uma difícil operação bem-sucedida, a *Descrição do modo adotado pelo duque Valentino para matar Vitellozzo Vitelli, Oliverotto da Fermo, o senhor Pagolo e o duque de Gravina Orsini.*[63]

Do seu convívio com Cesar Borgia, extraiu Maquiavel uma lição viva e inolvidável, que iria se colocar na sua vida como a pedra angular de sua educação política: a observação, durante quatro meses, da personalidade política mais representativa dos novos tempos. Ficara conhecendo o duque de perto, ouvira suas confidências, acompanhara seus raciocínios frios e implacáveis, testemunhara sua capacidade de malícia e dissimulação, vira com que segurança urdira a rede em que colhera seus inimigos, medira seu poder de engano e traição, ouvira de seus lábios "bem

63. [...] *Descrizione del Modo Tenuto dal Duca Valentino nello Ammazzare Vitellozzo Vitelli, Oliverotto da Fermo, il Signor Pagolo e il Duca di Gravina Orsini.*

enganar a esses, que foram mestres da traição",[64] constatara sua competência militar e astúcia política, e anotara a segurança com que perseguia os objetivos que tinha em mira, sem recuar diante de não importa que meio, desde que necessário, sabendo sempre aliar à boa fortuna que o favorecia, uma prudência infinita.

Maquiavel regressa a Florença com a alma possuída de entusiasmo pelo fato de haver descoberto um homem que parecia contar com todas as qualidades de um verdadeiro líder, alguém que poderia, talvez, impor ordem à península e libertá-la do invasor estrangeiro. Burckhardt[65] considera que a verdadeira razão da simpatia de Maquiavel por Cesar Borgia se encontra na circunstância de pensar ele que o filho de Alexandre VI, como desdobramento lógico de sua política de engrandecimento pessoal, acabaria por secularizar os Estados da Igreja, aniquilando assim o papado, fonte da intervenção estrangeira e de todas as divisões italianas, na opinião do secretário.

Como uma efígie gravada a fogo, a impressão que Maquiavel colhera de Cesar Borgia não se apagaria jamais de seu espírito, e anos mais tarde, desaparecido aquele da cena política, ele o evocaria nas páginas de *O príncipe*, com palavras de louvor, não hesitando em concluir:

64. [...] *bene ingannare costoro che sono sutili maestri di tradimenti* [...].
65. Jacob Burckhardt, ob. cit., p. 71.

[...] examinadas todas as ações do duque, não me parece que possa repreendê-lo; ao contrário, parece-me aconselhável, como o fiz, propô-lo à imitação de todos aqueles que graças à fortuna ou a armas alheias ascenderam ao poder.[66]

A 18 de agosto de 1503, vítima de uma violenta febre terçã, morria o papa Alexandre VI. Eleito seu sucessor o cardeal Piccolomini, que adotou o nome de Pio III, veio este a falecer transcorridos apenas 26 dias de seu pontificado. Sua eleição resultara do impasse criado pelo choque que se dera entre as pretensões dos cardeais franceses e espanhóis. Reacenderam-se assim, com sua morte, as intrigas e negociações para a eleição do novo papa. Para acompanhar de perto os acontecimentos preliminares do conclave, Florença resolve mandar a Roma Nicolau Maquiavel, que teve, dessarte, a oportunidade de assistir ao declínio do poder e à perdição final de Cesar Borgia. Este, que caíra também gravemente enfermo no mesmo dia em que Alexandre VI, confessaria a Maquiavel que havia previsto tudo no caso da morte do pai, exceto que se encontrasse em tal ocasião mais morto do que vivo.

E ele me disse, no dia em que foi eleito Júlio II, que tinha pensado no que poderia acontecer quando lhe morresse o pai,

66. Nicolau Maquiavel, *O príncipe*, cap. VII.

e para tudo tinha encontrado solução. Só não previu que, morrendo-lhe o pai, ele também viesse a morrer em seguida.[67]

Apesar de doente, Cesar Borgia não descurava um só momento o problema da sucessão pontifícia, na esperança de conseguir garantir as boas graças do futuro pontífice. Seus domínios na Romanha haviam sido reocupados pelos antigos senhores, tão logo se divulgara a notícia da morte de Alexandre VI, mas a influência que o duque ainda exercia sobre os cardeais espanhóis fazia com que, não obstante seu enfraquecimento político, fosse continuamente requestado pelos interessados na sucessão. Verificou-se logo que o candidato mais poderoso, cujo prestígio e força aumentavam dia a dia, era o cardeal Giuliano Della Rovere, sobrinho de Sisto IV, e que vivera dez anos exilado em França devido à sua animosidade aos Borgias. Esta última circunstância, entretanto, não impediu, estranhamente, que Cesar Borgia viesse a apoiá-lo em troca apenas da promessa do cardeal de reintegrá-lo na Romanha, conceder-lhe a fortaleza de Ostia e mantê-lo no cargo de gonfaloneiro da Igreja. A Maquiavel, pareceu impossível

67. Nicolau Maquiavel, *O príncipe*, cap VII. *E lui mi disse, ne' dì che fu creato Julio II, che aveva pensato a ciò che potesse nascere morrendo el padre, e a tutto aveva trovato remedio, eccetto che non pensò mai, in su la sua morte, di stare ancora lui per morire.*

que Della Rovere pudesse haver esquecido o antigo ódio aos Borgias e o amargor do exílio, e escrevendo à Senhoria, observou sabiamente:

> O duque se deixa levar por aquela sua corajosa confiança, e crê que as palavras dos outros devam ser mais confiáveis do que foram as suas.[68]

A desconfiança que essas palavras revelavam no espírito de Maquiavel com relação às reais intenções do cardeal seria plenamente justificada pelos fatos. Realmente, uma vez eleito papa, com o nome de Júlio II, Della Rovere não cumpriu nenhuma das promessas feitas e, depois de manter Cesar Borgia iludido durante algum tempo, mandou prendê-lo e só o deixou partir mediante o pagamento de um pesado tributo. O duque procurou asilo em Nápoles, mas foi traído e feito prisioneiro pelo capitão espanhol Consalvo, que o mandou para a Espanha. Conseguindo escapar da prisão, veio Cesar Borgia a morrer, em 1507, combatendo obscuramente pelo rei de Navarra.

---

68. Segundo Roberto Ridolfi, ob. cit., p. 106. *El Duca si lascia trasportare da quella sua animosa confidenza e crede che le parole d'altri sieno per essere più ferme che non sono state le sue.*

CAPÍTULO SEXTO

Desaparecido Cesar Borgia da cena política, Maquiavel se concentrou inteiramente no grande problema do momento que representava para Florença a expansão continental de Veneza. O avanço dos venezianos pela Romanha e a conquista de Faenza puseram em sobressalto não somente os florentinos, mais diretamente ameaçados, mas também o papa, a Espanha e o imperador Maximiliano. Para Florença, o perigo da hegemonia veneziana era dos mais graves: na eventualidade de passar Veneza a ser o único empório comercial da Itália, a república florentina se veria reduzida à mesma condição de miséria extrema a que ela procurava reduzir Pisa. Incapazes de se opor pela força à expansão veneziana, recorreram os florentinos às intrigas diplomáticas, com o objetivo de convencer Júlio II a tomar a iniciativa contra Veneza. Maquiavel soube, então, ferir habilmente o ponto mais vulnerável do pontífice, observando em conversa com alguns monsenhores da intimidade deste último que "não se tratava da liberdade da Toscana, mas da liberdade da Igreja, e que o papa se tornaria capelão dos venezianos" se a estes fosse permitido tornarem-se mais poderosos do que já o eram. Semente que, lançada no espírito de Júlio II, não deixaria de frutificar...

O perigo veneziano não era, entretanto, o único defrontado naquele momento por Florença. Outra ameaça se desenhava no sul do continente, onde o grande capitão espanhol dom Consalvo havia infligido séria derrota às tropas francesas. Temiam os florentinos que os espanhóis viessem a atacar a Toscana com o objetivo final de expulsar os soldados de Luís XII da Lombardia. "Os florentinos se sentiam [escreve Ridolfi] entre o martelo do grande Capitão e a bigorna dos venezianos".[69] Em tal situação, decidiram enviar Nicolau Valori e Nicolau Maquiavel à corte de França para apurar claramente as intenções reais. Os dois enviados se avistaram com o cardeal de Rouen e Luís XII, ouvindo deste último palavras tranquilizadoras quanto à segurança de Florença. Pouco depois, era firmada uma trégua entre a França e a Espanha; de seu lado, os venezianos pareciam estar satisfeitos com o que já haviam conquistado, e não se moviam; na frente pisana continuava o insolúvel assédio à cidade.

A pausa aparente nas operações militares, porém, nem por isso fez com que se abrandasse o ritmo das atividades de chancelaria de Maquiavel, que foi mandado ainda a Siena e Piombino no desempenho de missões políticas.

69. Roberto Ridolfi, ob. cit., p. 117.

Mas o fato realmente importante desse período da vida do secretário está em haver ele, então, começado a bater-se pela criação de uma milícia comunal, a ser organizada mediante o recrutamento popular, e que deveria substituir as tropas mercenárias, cuja deslealdade, indisciplina e vileza Maquiavel já tivera mais de uma vez ocasião de testemunhar pessoalmente. Escreveu ele, nessa época, um poemeto, que foi largamente divulgado em Florença, e no qual contava "as fadigas itálicas de dez anos"[70] – donde o título DECENAL[71]– aproveitando para fazer propaganda de sua ideia de uma milícia nacional, junto ao povo. Como escreve Tommasini, seu propósito era "subtrair a sorte de Florença do arbítrio dos mercenários, dos condotieros conspiradores, cheios de duplicidade e de avareza [...]"[72]

Sentia Maquiavel que os horizontes estavam carregados de perigos para a república, e que urgia a Florença preparar-se adequadamente para defender sua liberdade. Sua posição ficou grandemente reforçada quando as tropas que assediavam Pisa, recebida ordem de assalto, fracassaram no objetivo de conquistar a cidade depois de

70. [...] *le italiche fatiche di dieci anni* [...].

71. DECENNALE.

72. Oreste Tommasini, ob. cit., p. 312, v. I [...] *sottrarre le sorti di Firenze all'arbitrio vile dei mercenari, de condottieri conspiratori, pieni l'animo di duplicità e d'avarizia* [...].

haver a artilharia florentina conseguido abrir duas largas brechas nos muros. O fracasso militar veio dar novo peso aos argumentos do secretário, que denunciava a loucura de fazer repousar a segurança da pátria no precário devotamento mercenário. Sua pertinácia e seu poder de argumentação prevaleceram afinal sobre a hesitação do gonfaloneiro Soderini, que lhe deu permissão para iniciar o trabalho de organizar a milícia comunal. Maquiavel iniciou sem demora o recrutamento na campanha dos novos soldados da república, escolhendo para instrutor da tropa o famigerado dom Michele, o lugar-tenente de Cesar Borgia, o qual, durante sua missão junto ao duque, ele vira transformar broncos camponeses da Romanha em soldados de fibra. Intensa foi então a atividade do secretário, que não poupou esforços para alcançar seu objetivo de dotar Florença de tropas verdadeiramente disciplinadas e leais. Cinco meses depois, a 15 de fevereiro de 1506, a nova milícia desfilou, garbosa, pela Praça da Senhoria, com evidente satisfação popular. Maquiavel, "o primeiro a fazer uma teoria política da milícia nacional",[73] como nota Ridolfi, lavrara certamente um tento.

---

73. [...] *il primo a fare della milizia nazionale una teoria politica* [...]. Roberto Ridolfi, ob. cit., p. 122.

Não se tardariam a confirmar as previsões que fizera Maquiavel com relação às intenções bélicas de Júlio II e do imperador Maximiliano. O novo pontífice, ao ocupar o trono de São Pedro, encontrara os domínios da Igreja num estado de extrema desordem: em seguida à morte de Alexandre VI, Perugia e Bolonha haviam sido ocupadas respectivamente pelos condotieros Baglioni e Bentivoglio, e grande número de outras cidades, inclusive Faenza e Rimini, pelos venezianos. O papa desde logo colocou como objetivo precípuo de sua política reconquistar os territórios que lhe haviam sido usurpados, e reafirmar a autoridade da Igreja nos Estados pontifícios. De seu lado, os venezianos, sentindo-se perfeitamente seguros devido a seu maior poderio militar, não deram atenção aos pedidos de Júlio II de que lhe devolvessem os territórios arbitrariamente ocupados, o que agravou extremamente as relações entre Roma e Veneza, preparando o caminho para a Liga de Cambrai.

Tendo notificado os florentinos de que tencionava "li vrar dos tiranos"[74] o Estado da Igreja, o papa solicitou que Florença consentisse em ceder-lhe o condotiero Marcantonio Colonna e suas tropas, que se achavam a serviço da república, para ajudá-lo na campanha contra Bentivoglio. O governo florentino não se achava disposto a satisfazer

74. [...] *nettare dai tiranni* [...].

Júlio II, entre outras razões porque não desejava desguarnecer as forças que assediavam Pisa, mas tampouco lhe interessava desgostar o papa. Ficou decidido, em tais circunstâncias, enviar Maquiavel ao pontífice com instruções de ganhar o maior tempo possível. Esclarece Tommasini que os florentinos não podiam ver com bons olhos nem o engrandecimento dos venezianos nem o do papa. Sua política era contemporizar, confiar na identidade dos interesses de Florença com os interesses do rei de França, protelar o mais possível o envio das tropas solicitadas pelo papa, ainda que prometendo a este último todo auxílio pedido.

Maquiavel leva a Júlio II a palavra de Florença, servindo-se da oportunidade para intrigar o papa contra Veneza. Acompanha as tropas pontifícias de cidade em cidade até Perugia, onde o condotiero Baglioni, apesar de dispor da maior força militar, não oferece qualquer resistência, entregando-se sem luta nas mãos do pontífice. Este fato causou grande espanto ao secretário florentino, que não pôde compreender por que motivo o condotiero deixara escapar a ocasião de aprisionar o papa, sobretudo considerando que este viera apoderar-se de seu Estado. Houve quem manifestasse horror diante da frieza com que Maquiavel analisou o episódio, mas Roberto Ridolfi observa com razão: o secretário

[...] era um político e friamente raciocinava tendo em vista relações políticas entre dois príncipes; tal era para ele um Papa que fazia profissão não de Papa mas de príncipe; um príncipe que viera à testa de um exército para destronar um outro.[75]

Não esteve Maquiavel presente à entrada solene de Júlio II em Bolonha, pois cedera seu posto a Francisco Peppi, que a república nomeara embaixador junto ao papa. Este, depois de haver baixado o interdito contra Bolonha e lançado contra o condotiero Bentivoglio uma bula, obteve a rendição da cidade, apoiado nos reforços que chegaram da França e nas tropas de Marcantonio Colonna, que Florença terminou por enviar.

Novamente em Florença, Maquiavel se entregou ao trabalho que mais o apaixonava então, e que era a organização e fortalecimento da milícia. Sob sua influência, foram criados os "nove oficiais da ordenança e milícia florentina"[76] dos quais ele próprio foi secretário. Na mesma ocasião, escreve o *Discurso sobre o ordenamento do Estado de Florença para as armas*.[77]

75. Roberto Ridolfi, ob. cit., p. 142.
76. [...] *nove Ufficiali dell'ordinanza e milizia fiorentina* [...].
77. *Discorso dell' Ordinare lo Stato di Firenze alle armi.*

CAPÍTULO SÉTIMO

✳

U ma nova experiência iria em breve ser proporcionada a Maquiavel, com sua ida à Alemanha. Maximiliano, reunida a Dieta de Costança, anunciara sua intenção de descer proximamente sobre a Itália, de onde pretendia expulsar os franceses e fazer-se coroar imperador em Roma, levado pela sua ideia fixa de restaurar o Sacro Império Romano. Embora os florentinos não levassem muito a sério os planos de Maximiliano, cujos propósitos grandiosos não se apoiavam em meios financeiros e militares adequados, ficaram desta vez preocupados diante das promessas formais de auxílio que lhe haviam sido feitas pela Dieta. Decidiram, então, enviar-lhe um representante para apurar suas reais intenções e possibilidades, bem como saber a que preço poderiam assegurar a amizade do imperador. O primeiro impulso do gonfaloneiro Soderini foi nomear para essa missão o secretário Maquiavel, por quem nutria uma óbvia preferência, mas, tendo surgido protestos da parte de seus opositores, a escolha recaiu afinal em Francesco Vettori.

Entretanto, na primeira oportunidade, quando foi preciso transmitir novas instruções ao enviado, Soderini deu a incumbência a Maquiavel. Tratava-se de oferecer a Maximiliano até o máximo de cinquenta mil ducados, começando por trinta mil, em troca de garantias para o domínio florentino. Em janeiro de 1508, chegou Maquiavel a Bolzano, onde se achava a corte, depois de haver passado por Genebra. Durante seis meses, permaneceu ele, em companhia de Vettori, em terras germânicas; não chegou, porém, a conhecer a parte setentrional da Alemanha, limitando seu conhecimento aos cantões suíços e ao Tirol. De sua estada no ambiente germânico, nasceram o *Relação das coisas da Alemanha* e o *Retrato das coisas da Alemanha*, versão mais elaborada do primeiro trabalho, em que mais uma vez se confirma a genial intuição do observador florentino. As negociações diplomáticas se arrastavam entre propostas e contrapropostas. A política de Florença se resumia, no fundo, em contemporizar; política que os acontecimentos provariam sábia. De fato, enredado em dificuldades práticas, derrotado afinal pelos venezianos, Maximiliano viu se desfazerem diante de seus olhos os ambiciosos sonhos imperiais. Maquiavel, que escrevera, em colaboração com Vettori, as cartas da legação, regressou a Florença em junho de 1508. Trazia consigo uma nova perspectiva sobre a vida política, o conhecimento dos suíços e alemães, cuja pureza ainda bárbara ele mais tarde exaltaria, contrapondo-a à corrupção dos italianos, franceses e espanhóis.

Novamente em Florença, entregou-se Maquiavel de corpo e alma a atividades militares, dirigindo praticamente as operações contra Pisa, que se rendeu a 4 de junho de 1509, depois de uma guerra de 15 anos.

Entrementes, a tensão entre Veneza e o papa chegara ao máximo. Desde 1504, o pontífice se voltara para o rei da França e para o imperador no intuito de formar com ambos uma coalizão estrangeira contra Veneza. Esta, diante do acordo celebrado entre os dois soberanos a 22 de setembro de 1504, se decidira a restituir ao pontífice algumas terras da Romanha de que se apossara, mas continuou a manter em seu poder Faenza e Rimini. A 10 de dezembro de 1508, Luís XII e Maximiliano constituíram a Liga de Cambrai, cujo escopo ostensivo era lutar contra os turcos, mas que, na verdade, se dirigia contra os venezianos. Fora seu promotor Júlio II, que a ela adere em março de 1509; dão sua adesão também a Espanha, a Inglaterra, a Hungria, Savoia, Ferrara, Mântua e Florença. A 27 de abril, o papa excomungou Veneza, que, em maio, na batalha de Agnadello, sofreu uma séria derrota. Os vencedores ocuparam toda a Lombardia veneziana, enquanto o papa retomava as terras da Romanha. Obtinha ainda o pontífice, de Veneza, liberdade de comércio e navegação no Adriático e pleno respeito nos domínios da república às imunidades eclesiásticas. Alcançados tais objetivos, reconciliou-se Júlio II com Veneza, impelido pela convicção de que não poderia permitir que os franceses e alemães aniquilassem completamente os venezianos, uma vez que isto traria como consequência a extinção da liberdade da Itália e da independência da Igreja. Absolvida a república em 1510, estabeleceu o papa um acordo com a Espanha e Veneza contra a França. Como o duque de Ferrara ficara fiel a Luís XII, Júlio II conquista o ducado e o incorpora ao Estado da Igreja. Excomungado o duque, as tropas pontifícias ocupam Modena e Mirandola.

Do terreno militar, a luta passaria para o terreno religioso. Luís XII, em represália à hostilidade papal, convoca um sínodo nacional que se declarou em seu favor e recomendou a convocação de um concílio ecumênico. Difícil se tornou a situação dos florentinos em face do choque do papa com a França: a esta os ligava sua tradicional francofilia; por outro lado, não os atraía a perspectiva de entrar em conflito com Júlio II. Foi quando Maquiavel recebeu a incumbência de voltar à corte francesa para justificar perante o rei a prudência com que Florença era obrigada a se conduzir com relação ao pontífice. Mas Luís XII não aceitou as razões aduzidas pelo enviado e insistiu para que Florença se declarasse em seu favor. Maquiavel teve de aplicar todo seu talento político para convencer o rei e seus conselheiros de que seria mais conveniente para a própria França manter Florença e suas tropas no seu próprio domínio. De seu lado, o papa se exaltava cada vez mais contra os florentinos, declarando abertamente que desejava mudar o governo de Florença por ser excessivamente francófilo. Terminada sua missão na França, Maquiavel regressou à Toscana em outubro de 1510.

> Duas certezas trazia Maquiavel da França: que haveria grande guerra entre o Papa e o Rei e que os florentinos nela se veriam envolvidos por menos que o desejassem; não é de espantar, por isso, que suas primeiras preocupações tenham sido militares.[78]

Pensou, de fato, em fortalecer a milícia florentina com uma cavalaria ligeira, desdobrando-se em outras tarefas militares, inspecionando fortalezas, recrutando milicianos e engajando cavalos, o que fez Ridolfi observar: "de secretário passou a assessor militar da república".[79]

Os acontecimentos se precipitaram quando, tendo os cardeais cismáticos publicado em Pisa certos atos referen-

78. Roberto Ridolfi, ob. cit., p. 183.
79. [...] *di segretario è ormai divenuto il tecnico militare della Repubblica*. Roberto Ridolfi, ob. cit., p. 184.

tes à abertura do concílio que Luís XII promovera, Júlio II ameaçou baixar o interdito contra Florença. Maquiavel recebe a incumbência de convencer os cardeais de que não viessem se reunir em Pisa, e de persuadir o rei a afastar o concílio dos domínios florentinos. Parte novamente o secretário. Conferencia com quatro dos seis cardeais rebeldes em Borgo San Donnino, entre Parma e Piacenza. Expõe-lhes as razões de Florença, frisa-lhes a indignação do papa e o perigo que corria a república; pede-lhes que não sigam para Florença. Parte depois para Blois, onde se achava a corte. Recebido pelo rei no mesmo dia em que o papa fulminava o interdito contra Florença, concita Luís XII à paz e a desistir do concílio. Replicando-lhe o rei que o concílio era justamente um meio para obrigar o papa a fazer a paz, insiste para que o concílio seja transferido para outro lugar, mas nem a isto anui o monarca. Finalmente, consegue Maquiavel que Luís XII adie a reunião por dois meses para dar tempo aos florentinos de se precaverem.

Depois de um período de descanso, parte Maquiavel para Pisa, onde já se achavam os cardeais cismáticos; levava o encargo de convencer os rebeldes a transferir o concílio para outra região. A hostilidade do clero local, a insatisfação popular e os argumentos do secretário acabaram finalmente por persuadir os cardeais a levantarem o concílio, transferindo-o para Milão. Tarde, porém, pois já agora o papa se decidira a não repousar enquanto não lançasse por terra o governo do gonfaloneiro Soderini.

Firmara Júlio II uma liga com o rei de Aragão, e estava decidido a submeter os florentinos. Em Florença, o ambiente era de hesitação e inércia. Alegravam-se os inimigos do gonfaloneiro e os amigos dos Medici com as dificuldades que enfrentava o governo. Este, numa última tentativa de conciliação, mandou Francesco Guicciardini ao rei aragonês, mas sem instruções definidas capazes de satisfazer os confederados, de modo que a legação de nada serviu, a não ser para desagradar ao rei de França. Maquiavel, de regresso de Pisa, teve um sombrio presságio ao saber que um raio, durante sua ausência, ferira a porta da sua chancelaria, e fez seu primeiro testamento. Em seguida, entregou-se novamente, com o ardor costumeiro, às suas tarefas de organização militar.

Tendo Florença se recusado a aderir à Liga formada por Júlio II contra a França – que não obstante a vitória alcançada na sangrenta batalha de Ravena (11 de abril de 1512) ficara em situação de inferioridade pelas perdas sofridas e por ter sido abandonada pelo imperador – os confederados na Dieta de Mântua decidiram assaltar a cidade para mudar-lhe o governo, lançando sobre a Toscana as tropas espanholas comandadas por Raimondo da Cardona, vice-rei de Nápoles. Acompanhava-as como legado pontifício o cardeal Giuliano de Medici. Inútil foi a resistência da tropa que defendia Prato. Integravam-na os milicianos recrutados por Maquiavel, e instruídos sob sua orientação. Tratava-se, porém, de soldados ainda bisonhos, que jamais haviam tido ocasião de enfrentar inimigos tão aguerridos e experimentados como o eram os infantes espanhóis que acabavam de se bater na terrível batalha de Ravenna. Incapaz de sustentar a fúria do ataque, a tropa defensora debandou, deixando Prato entregue ao saque e à devastação da soldadesca assaltante, cuja violência não conheceu limites.

A derrota militar teve como consequência imediata a queda do governo republicano do gonfaloneiro Soderini – que não se mostrou à altura de sua grave responsabilidade no momento decisivo – e a volta dos Medici ao poder. Soderini partiu para Siena, abrindo assim o caminho para a recomposição do governo florentino. Eliminado o caráter vitalício do gonfaloneirado[80] e reduzido o período a 14 meses foi nomeado para o lugar Giovanbattista Ridolfi, que, no entanto, permaneceu apenas dois meses no cargo. Tornou-se logo evidente que nada se fazia em Florença contra a vontade do cardeal Giovanni de Medici, o futuro Leão X. Depois de 18 anos de ostracismo, a poderosa família, que a república desterrara, voltava a reinar.

❋ ❋ ❋

80. [...] *gonfalonierato* [...].

CAPÍTULO OITAVO

✳

P or mais estranho que possa parecer, levando-se em conta o pessimismo com que Maquiavel encarava a natureza humana, o secretário florentino, caída a república que ele servira devotadamente durante 14 anos, não poupando esforços nem mesmo quando ela se achava periclitante, e reinstalados no poder os Medici, alimentou durante algum tempo a ilusão de que seria conservado no seu cargo pelo novo governo. Não somente tinha necessidade do emprego para sustentar a família numerosa, como também não concebia a hipótese de permanecer inativo. Considerava-se um funcionário público que prestara lealmente serviços à pátria florentina, sob o governo republicano, e que poderia continuar a servi-la, com a mesma lealdade, sob o regime dos Medici.

Não pensava do mesmo modo, porém, o cardeal Giovanni de Medici, árbitro da situação política em Florença. Considerava ele, ao contrário, Maquiavel um íntimo e influente colaborador do gonfaloneiro deposto, e responsável pela política antimédici que Florença até então seguira. Em consequência, a 7 de novembro de 1512, a nova Senhoria *cassava, privava e totalmente rimoveva* Nicolau

Maquiavel do cargo de secretário da segunda chancelaria e da Comissão dos Dez. Dias depois, ainda o condenava a permanecer confinado durante um ano dentro do domínio toscano e a pagar uma fiança de mil florins ouro, soma que só obteve graças à generosidade de três amigos. Como se não bastassem essas penas, outra deliberação governamental proibiu-o de entrar, durante 12 meses, no Palácio Vecchio, onde tivera seu gabinete de trabalho. Mas não parariam aí os sofrimentos de Maquiavel.

No mesmo ano, dois jovens republicanos, Agostino Capponi e Pietropaolo Boscoli, foram presos sob a suspeita de conspirar contra o novo regime. Um deles, inadvertidamente, deixara cair em lugar público uma lista de nomes de possíveis aderentes e simpatizantes da conspiração em preparo, entre os quais figurava o de Maquiavel, que estava inocente do que se tramava. Preso com os demais suspeitos, o ex-secretário chegou a ser submetido a tortura, acrescentado ao seu já grande abatimento moral o sofrimento físico. Foi quando dedicou dois sonetos a Giuliano de Medici, na esperança de comovê-lo com relação à sua sorte, enquanto aguardava que seu amigo Francisco Vettori, então embaixador junto ao papa, e que fora advertido pelo irmão do que lhe sucedera, interviesse em seu favor.

Um acontecimento imprevisto, porém, viria favorecê-lo. A 21 de fevereiro de 1512, morria Júlio II; a 11 de março, era eleito seu sucessor o cardeal Giovanni de Medici, que assumiu o nome de Leão X. Grande foi a alegria dos florentinos; a eleição do novo pontífice, realmente, não somente elevava o prestígio de Florença como significava ainda o fim da guerra. Em sinal de regozijo, as prisões foram abertas e soltos os suspeitos de conspiração. Capponi e Boscoli, entretanto, já haviam sido, dias antes, decapitados. Após 22 dias de cárcere, Maquiavel se viu, assim, devolvido à liberdade.

Apesar de tudo que lhe acontecera, renasceu nele, obstinada, a esperança de ser aproveitado pelo novo governo. Mal saído da prisão, escreve o seu *Canto dos espíritos beatos*,[81] composição poética de inspiração religiosa em que exalta a paz alcançada e lamenta as longas guerras que haviam ensanguentado a cristandade. Escreve, de outro lado, a Francisco Vettori, pedindo-lhe que interceda em seu favor junto ao novo papa. Mas os dias passam sem que nada consiga, apesar de o amigo embaixador demonstrar o respeito que tinha pelo seu talento político, solicitando-lhe parecer sobre as razões que haviam levado o rei da Espanha a firmar uma trégua com a França.

Inquieto e desolado com a inatividade a que os acontecimentos o haviam forçado, Maquiavel se retira finalmente com a família para sua propriedade rural, em Sant'Andrea

81. *Canto degli Spiriti Beati.*

in Percussina, lugarejo situado a sete milhas de Florença, entre esta e San Casciano.

Foi aí, na tranquilidade da campanha toscana, que se iniciou a fase propriamente criadora de sua vida. O ostracismo político ser-lhe-ia extremamente fecundo. Tinha então 43 anos; atingira, portanto, a plena maturidade intelectual, após 14 anos de experiência e observação políticas, através dos quais fatos e ideias se haviam plantado no seu espírito sempre alerta, e lentamente germinado. O lazer forçado chegara no momento propício. Sua obra estava pronta para nascer.

A vida que Maquiavel passou a levar então, ele a descreveu em carta famosa, dirigida a 10 de dezembro de 1513 a seu amigo Francisco Vettori, com o qual manteve, nesse período, correspondência assídua. Passava o dia a percorrer seu pequeno domínio rural, a observar o trabalho dos lenhadores, a conversar aqui e ali com os camponeses do lugar ou a ler, à sombra das árvores, seus poetas prediletos, Petrarca, Dante ou Ovídio; frequentava a taverna local, onde se entretinha a jogar cartas com os demais fregueses; ao anoitecer, recolhia-se ao seu escritório, onde se entregava à leitura de seus livros clássicos e à redação de sua obra, repensando "sua longa experiência das coisas modernas" à luz da "contínua lição das antigas". Mas cedamos a palavra ao próprio Maquiavel:

Levanto-me de manhã com o sol, e vou até um bosque de minha propriedade que mandei derrubar, onde permaneço duas horas a rever o trabalho do dia anterior e a passar o tempo com aqueles lenhadores que estão sempre às voltas com alguma desgraça, seja entre eles, seja com os vizinhos... Deixando o bosque, encaminho-me para uma fonte e daí para o meu viveiro de pássaros. Levo um livro comigo, Dante, Petrarca, ou um desses poetas menores como Tibulo, Ovídio e outros semelhantes; leio aquelas suas amorosas paixões e aqueles seus amores; recordo-me dos meus; comprazo-me um pouco nesses pensamentos. Transfiro-me depois para a estrada, perto da estalagem: converso com aqueles que passam, peço-lhes novas de suas cidades, ouço coisas diversas, e observo gostos vários e a diversidade da fantasia humana. Chega entrementes a hora do almoço em que como, com minha família, aquela comida que esta pobre casa e o patrimônio parco permitem. Uma vez alimentado, retorno à estalagem; aí são meus companheiros, em geral, um açougueiro, um moleiro, dois oleiros. Com estes me embruteço durante todo o dia, jogando cartas, e daí nascem mil disputas e uma torrente de palavras injuriosas; e o mais das vezes se briga por uma ninharia, e até de San Casciano já nos ouviram gritar. Assim, rodeados por esses sovinas, tiro o mofo do cérebro e me desabafo contra a malignidade de minha sorte, contente que ela me espezinhe dessa maneira, a ver se no fim ela acabará se envergonhando de me tratar assim.

Chegada a noite, regresso a casa e entro em meu escritório; à entrada despojo-me das roupas quotidianas cobertas de lama e pó, e me cubro com vestes reais e adequadas; e assim vestido condignamente, entro nas antigas cortes dos homens antigos, onde, recebido por eles amavelmente, me alimento daquelas iguarias que me são próprias e para as quais nasci; onde não me envergonho de falar com eles e de lhes perguntar pelas razões de suas ações; e eles, bondosamente, me respondem; e durante quatro horas não experimento qualquer cansaço: esqueço todas as preocupações, não temo a pobreza, não me amedronta a morte: transfiro-me totalmente neles.

Foi durante esse período de recolhimento e paz, em que encontrou derivativo para seu ócio forçado nos colóquios imaginários com os grandes vultos da Antiguidade clássica, que Maquiavel escreveu suas duas obras fundamentais: *O príncipe*[82] ou *De principatibus*, como foi originariamente denominado o livro famoso, e os *Discursos sobre a primeira década de Tito Lívio*.[83] Escreveu-os simultaneamente, em 1513, obedecendo a impulsos diferentes, tendo terminado o primeiro naquele mesmo ano, ao passo que os *Discursos*[84] ficaram inacabados, não passando, como o tí-

82. *Il Príncipe.*

83. *Discorsi sulla Prima Deca di Tito Livio.*

84. *Discorsi.*

tulo indica, da primeira década, quando haviam sido projetados como comentários à obra completa de Tito Lívio.

A carta de 10 de dezembro de 1513, da qual traduzimos os excertos acima, se reveste de uma importância fundamental para determinar os propósitos que animaram Maquiavel ao escrever *O príncipe*. Publicada somente em 1810, por Angelo Ridolfi, na sua obra *Pensamentos em torno do objetivo de Nicolau Maquiavel no livro II d' O príncipe*,[85] ela veio lançar novas luzes sobre as origens do célebre livro, desfazendo inúmeros equívocos e interpretações errôneas que sobre ele se haviam acumulado através dos tempos. Em primeiro lugar, a referida carta indica, como observa L. Arthur Burd,[86] que *O príncipe* foi escrito de boa-fé, sem qualquer *arrière pensée*, destruindo assim a teoria dos que queriam ver nele uma obra satírica ou irônica ou uma denúncia dos vícios dos governantes italianos da época; em segundo lugar, verifica-se que o livro não foi elaborado como um tratado exaustivo sobre o governo absoluto, mas se reveste de um caráter prático, destinando-se especialmente a um "novo príncipe"; finalmente, indica a missiva que Maquiavel desejava ser empregado pelos Medici, e que esperava, dedicando o livro a um membro daquela família, alcançar melhor seu objetivo.

85. *Pensieri Intorno allo Scopo de Niccolau Machiavelli nel Libro Il Príncipe.*

86. L. Arthur Burd, ob. cit.

Realmente, escrevia Maquiavel ao embaixador Vettori:

> [...] e porque Dante diz que não se produz conhecimento sem que se retenha o que se aprendeu, eu anotei aquilo de que fiz um capital, nas conversas com eles, e compus um opúsculo *De principatibus*; no qual me aprofundo o quanto posso na reflexão sobre esse tema, discutindo o que é principado, quais são seus tipos, como são conquistados e perdidos. E se por acaso lhe agradou alguma de minhas bizarrices, isso não deveria desagradar a você; e por um príncipe, sobretudo por um príncipe novo, elas deveriam ser aceitas. Porém, eu o envio à magnificência de Juliano [...].[87]

Achava Maquiavel possível que Giuliano de Medici, impressionado com o pequeno tratado, o tomasse a seu serviço, ainda que começasse por mandá-lo "rolar uma pedra"

87. [...] *e perché Dante dice che non fa scienza senza lo ritenere, lo avere inteso, io ho notato quello di che per la loro conversazione ho fatto capitale, e composto uno opusculo De principatibus; dove io me profondo quanto io posso nella cogitazione di questo subietto, disputando che cosa è principato, di quale spezie sono, como e' si acquistano, come e' si perdono. E se vi piacque mai alcuno mio ghiribizzo, questo non vi doverrebbe dispiacere; e a un principe, e massimo a un principe nuovo, doverrebbe essere accettato; però io lo indirizzo alla magnificenza di Giuliano* [...]. Carta de 10 de dezembro de 1513.

ou, nas suas palavras, *voltolare un sasso*. Considerava-se o secretário, com razão, um elemento útil ao Estado, depois de 15 anos de experiência na chancelaria, durante os quais não havia, como dizia ao amigo, "nem dormido, nem brincado",[88] mas estudado "a arte do estado". E não compreendia que pudessem duvidar da lealdade de quem, como ele, servira Florença, durante todo aquele tempo, com amor, entusiasmo e desvelo. Assim dizia Maquiavel:

[...] e da minha boa-fé não se deveria duvidar porque, tendo-a sempre observado, eu não saberia agora rompê-la, e quem foi fiel e bom por quarenta e três anos, que já os tenho, não conseguiria mudar de natureza. E a minha pobreza é a testemunha da minha boa-fé e da minha bondade.[89]

Entretanto, Francesco Vettori, não obstante sua amizade e admiração sincera por Maquiavel, se mostraria incapaz de ajudá-lo a conquistar as boas graças do novo governo, que parecia decidido a deixar o ex-secretário

88. [...] *nè dormiti nè giocati* [...]

89. [...] *e della fede mia non si doverrebbe dubitare, perchè, avendo sempre osservato la fede, io non debbo imparare ora a romperla; e chi è stato fedele e buono durante quarantatrè anni che io ho, non debbe poter mutare natura; e della fede e bontà mia ne è testimonio la povertà mia.* Idem.

amargar uma longa quarentena política. Depois de muito tergiversar e prometer, Vettori acabaria por confessar: "eu não sou um homem que sabe ajudar os amigos".[90] Desempregado, desiludido e amargurado, Maquiavel alternou, nessa época, seus estudos com escapadas a Florença, onde procurou consolo na companhia alegre dos amigos boêmios, frequentando a loja de um amigo comerciante, Donato del Corno, e a casa de uma mulher da vida airada, Riccia, "uma cortesã honesta, mas não muito",[91] como escreve Ridolfi.

Sua correspondência dessa época com o amigo embaixador revela um espírito capaz de passar dos assuntos mais graves e profundos a temas frívolos e jocosos, quando não francamente obscenos; suas brincadeiras e aventuras amorosas, ele as descreveu com muito talento e graça, embora frequentemente carregasse demasiadamente nas tintas, a ponto de uma de suas cartas mais ousadas ter sido considerada por Ridolfi "uma das mais graciosas novelas da nossa literatura, ainda que muito obscena".[92] É desse tempo também um de seus amores mais sérios, de que ele

90. [...] *io non sono uomo che sappi aiutare gli amici.*

91. [...] *una cortigiana onesta ma non troppo* [...]. Roberto Ridolfi, ob. cit., p. 233.

92. [...] *una delle piú graziose novelle, ancorchè oscenissima, della nostra letteratura.*

informa Vettori, referindo-se a "uma criatura tão gentil, tão delicada, tão nobre"[93] por quem se apaixonara de tal maneira que deixara de lado

[...] os pensamentos das coisas grandes e sérias; não me agrada mais ler coisas antigas, nem discorrer sobre as modernas, todas elas se converteram em argumentações amenas [...][94]

Mas essa paixão não impediu que Maquiavel se concentrasse novamente na política quando Francesco Vettori lhe propôs como questão saber que caminho deveria seguir o papa na luta então travada entre a França e a Espanha. Respondeu em longa carta ao amigo, que lhe havia acenado com a possibilidade de fazer chegar seu parecer às mãos do pontífice. Era de opinião Maquiavel que o papa deveria aliar-se com a França, na atual emergência, e estendeu-se em considerações para justificar esse ponto de vista, de cuja sabedoria os fatos posteriores deram testemunho. Reacendeu-se novamente, então, a esperança do secretário de reconquistar uma situação na vida, mas nada conseguiu ainda desta vez, apesar de terem Leão X e

93. [...] *una creatura tanto gentile, tanto delicata, tanto nobile* [...].
94. [...] *i pensieri delle cose grandi e gravi; non mi diletta più leggere le cose antiche, nè ragionare delle moderne; tutte si sono converse in ragionamenti dolci* [...]. Segundo Roberto Ridolfi, ob. cit., p. 238.

o cardeal de Medici lido sua carta e muito louvado a agudeza de seu engenho.

Em 1516, morria Giuliano de Medici, e Florença passou a ser governada por Lourenço de Medici, que, eleito capitão-geral dos florentinos, voltou suas vistas para Siena e Luca; aguilhoado por Leão X, conquistou ele o ducado de Urbino, tornando-se duque por investidura papal.

O crescimento da fama de Lourenço, que vinha repetir o esquema político vigente no tempo dos Borgia, em que um grande *condottiero*[95] contava com o apoio decidido do sumo pontífice, despertou o entusiasmo de Maquiavel e fez nascer nele a ideia de dedicar-lhe *O príncipe*, concitando-o à grande empresa de libertar a Itália dos invasores estrangeiros. Ao mesmo tempo, chamava a atenção de Lourenço para a situação injusta em que se encontrava, dizendo na dedicatória:

> [...] e se Vossa Magnificência do ápice de sua altura alguma vez voltar os olhos para estes lugares baixos, saberá o quanto eu injustamente suporto uma grande e contínua malignidade da sorte.[96]

95. Chefe de mercenários, bandidos, guerrilheiros na Itália medieval e renascentista.

96. [...] *e se Vostra Magnificenza dallo apice della sua altezza qualche*

Não se sabe ao certo se Francisco Vettori, a quem Maquiavel deu o encargo de fazer chegar o livro às mãos de Lourenço de Medici, cumpriu ou não a missão: o que é seguro é que dessa dedicatória nada resultou de útil para Maquiavel. Há mesmo uma versão segundo a qual Lourenço teria recebido o manuscrito ao mesmo tempo que era presenteado com dois cães, e que acolhera com mais entusiasmo este presente do que a obra de Maquiavel.

A nova desilusão, que lhe fechava mais uma vez o caminho de retorno à vida ativa, levou Maquiavel a procurar um derivativo e uma compensação espiritual no campo da criação literária. É então que escreve o poemeto em terceto,[97] Asno ou Asno de ouro,[98] como ficaria mais tarde conhecido, no qual dá vazão à sua mordacidade, desintoxicando-se através da sátira e da caricatura de sua amargura interior. Consolo também encontrou Maquiavel nas reuniões literárias que se realizavam na ocasião, sob os auspícios de Cosimo Ruccellai, nos jardins do Palácio Rucellai,[99] onde se encontravam e se entretinham,

volta volgerà gli occhi in questi luoghi bassi, conoscerà quanto io indegnamente sopporti una grande e continua malignità di fortuna. Nicolau Maquiavel, O príncipe, dedicatória.

97. terza rima.

98. Asino ou Asino d'oro.

99. Orti Oricellari.

em discussões políticas e leituras filosóficas e literárias, as figuras mais brilhantes da época. Foi nesse ambiente que Maquiavel leu pela primeira vez suas considerações dos *Discursos*, inflamando com sua apologia da república o ardor político de alguns de seus ouvintes, a ponto de levá--los mais tarde a conspirar contra o regime dos Medici.

Vez por outra, surgia a oportunidade de ganhar alguns florins ainda que no desempenho de modestíssimas missões, como a de que foi incumbido, em 1518, de ir a Gênova, a mando de alguns poderosos comerciantes florentinos, a fim de salvar o que fosse salvável de uma falência. São provavelmente daquele ano suas comédias *Clizia*, imitada de Plauto, e a obra-prima original *Mandragora*, considerada a melhor comédia de todo o teatro italiano. Pertencem ainda à produção literária de Maquiavel – cujo exame crítico escapa aos objetivos do presente ensaio – mas de data incerta, seu poema Serenata, a comédia *Andria*, traduzida de Terêncio, o *Diálogo em torno à nossa língua*,[100] a novela *O demônio que se casou*[101] ou *A novela de Belfagor*,[102] Os Capítulos[103] versos que têm como temas a ingratidão,

---

100. *Dialogo Intorno alla Nostra Lingua.*

101. *Il Demonio che Prese Moglie.*

102. *Novella di Belfagor.*

103. I Capitoli.

a fortuna, a ambição e a ocasião, e *Cantos carnavalescos*.[104] Sobre a poesia de Maquiavel, limitar-nos-emos a reproduzir aqui o juízo de De Sanctis: "falta a imaginação, superabunda o espírito. Há o crítico, não há o poeta".[105]

A morte de Lourenço de Medici, ocorrida em maio de 1519, trouxe melhores tempos para Maquiavel. O poder em Florença passou às mãos do cardeal Giulio de Medici, que se mostrou benévolo em relação ao ex-secretário, cujas qualidades intelectuais soube apreciar devidamente. Em março de 1520, levado por seu amigo Lorenzo Strozzi, Maquiavel foi cordialmente recebido pelo cardeal, nada se sabendo, entretanto, de que trataram. Ridolfi, com base em documentos e acontecimentos posteriores ao encontro, conjetura que o cardeal provavelmente lhe perguntara pelas obras que tinha em andamento, estudara com ele o modo de ajudá-lo, sendo possível que surgisse então a ideia de encomendar-lhe a história de Florença.

Naquele ano, Maquiavel se achava entregue à tarefa de escrever os sete livros da sua *Arte da guerra*,[106] obra com-

---

104. *Canti Carnascialeschi*.
105. [...] *manca l'immaginativa; soprabonda lo spirito. Ci è il critico, non ci è il poeta.* Francesco De Sanctis, ob. cit., p. 52.
106. *Arte della Guerra*.

posta em forma de diálogos, supostamente mantidos nos jardins do Palácio Rucellai entre Cosimo Rucellai, Fabrizio Colonna, Zanobi Buendelmonti, Battista della Palia e Luigi Alamani. O objetivo central do livro era expor de que maneira devia o povo se armar para defender sua liberdade e independência. Maquiavel estuda aí o modo de se formarem os exércitos e de conduzi-los diante do inimigo.

A ideia fundamental de sua *Arte da guerra* é que a verdadeira milícia é o povo armado, que, em todas as épocas a força dos exércitos está na infantaria e, portanto, é preciso tudo prover para a sua organização e disciplina.[107]

Achava Maquiavel, baseado na sua experiência e observação e impulsionado pelo seu desejo de formular as bases de um Estado moderno, que a força militar deste último estava na constituição de um exército verdadeiramente nacional que fosse, em suma, o próprio povo armado. Como frisou Ridolfi:

107. *La idea fondamentale della sua Arte della Guerra è infatti che la vera milizia è il popolo armato, che in ogni tempo il nerbo degli eserciti sta nella fanteria, e quindi che al'ordinamento ed alla disciplina di questa bisogna tutto provvedere.* Pasquale Villari, ob. cit., p. 81, 2º v.

A ciência militar não era para ele senão uma parte da política; e ele considerava certo que o fato de se haver separado a vida militar da civil fora o princípio dos males da Itália.[108]

Com a sua *Arte da guerra*, Maquiavel ficou considerado "o primeiro clássico moderno das coisas militares"; seu livro foi modernamente reconhecido "um portento não somente para o tempo mas também absolutamente, naquilo que diz respeito à parte imutável da ciência militar".[109] Lançando os fundamentos da tática moderna, com não menor audácia com que lançara as bases da ciência do Estado, Maquiavel deixou estabelecida claramente a ligação de suas preocupações militares com suas preocupações políticas, de tal modo que o conhecimento da *Arte da guerra* é indispensável a uma inteligência perfeita dos *Discursos* e de *O príncipe*.

Em julho de 1520, parte Maquiavel para Luca, incumbido de defender os interesses de alguns comerciantes florentinos na falência de um certo Michele Guinigi. Durante sua permanência naquela cidade, observa e estuda o governo

---

108. Roberto Ridolfi, ob. cit., p. 267.
109. Roberto Ridolfi, ob. cit., p. 268.

da república e sobre o mesmo escreve um relatório. Na mesma ocasião, compõe a sua *Vida de Castruccio Castracani*,[110] inspirada na vida de um condotiero luquense daquele nome, mas sem a preocupação de rigor histórico, antes com grande liberdade de imaginação. Seu propósito foi, como observa Villari, o de escrever "uma espécie de pequeno romance político-militar, para demonstrar, entre outras coisas, a grande superioridade que, na guerra, os infantes tinham sobre a cavalaria".[111] Ridolfi considera a *Vida de Castruccio Castracani* um ensaio do estilo histórico de Maquiavel, com o qual este se adestrou para escrever posteriormente suas *Histórias florentinas*, encomendada naquele mesmo ano pelo cardeal de Medici graças à influência de seus amigos, que haviam lido com admiração aquela obra. Conseguiu assim o ex-secretário uma posição de historiador da república, e escreveu logo em seguida o seu *Discurso sobre as coisas florentinas depois da morte de Lourenço*,[112] destinado à consideração do papa, que vinha dando grande atenção ao problema de reorganizar o governo de Florença.

110. *Vita di Castruccio Castracani.*

111. [...] *una specie di piccolo romanzo politico-militare, per dimostrare, fra le altre cose, la grande superiorità che nella guerra i fanti avevano contro i cavalli.* Pasquale Villari, ob. cit., p. 73, 2º v.

112. *Discorso delle Cose Fiorentine Dopo la Morte di Lorenzo.*

Em abril de 1521, recebe Maquiavel a proposta de seu antigo chefe Piero Soderini, que no exílio conspirava contra os Medici, de ir servir como secretário do condotiero romano Prospero Colonna. Era uma excelente posição, em que ganharia cinco vezes mais do que ganhava para escrever a história florentina, mas não a aceitou, preferindo, como nota Ridolfi, "um florim gasto em liberdade em Florença do que cinco como cortesão".[113] No mesmo ano, desincumbiu-se de comissões secundárias que lhe foram dadas: ir a Carpi, onde se achava reunido o Capítulo Geral dos Frades Menores a fim de pleitear, em nome da Senhoria e do cardeal de Medici, que os conventos menores do domínio florentino fossem separados dos outros conventos da Toscana; e lhe pediram também que obtivesse junto aos frades um pregador de qualidade para a quaresma no Duomo... Em correspondência mantida então com seu amigo, o historiador Francesco Guicciardini, que governava Modena em nome do papa, Maquiavel comentou, com bom humor e ironia, o pitoresco dessas duas incumbências.

De volta a Florença, entrega-se Maquiavel à elaboração de suas *Histórias florentinas*, à qual consagrou os últimos sete anos de sua vida. Mais do que um historiador, foi ele um escritor político e filósofo da história, preocupado não

---

113 [...] *un fiorino goduto in libertà a Firenze che cinque da cortigiano.* Roberto Ridolfi, ob. cit., p. 279.

tanto em escrever história quanto em extrair dela normas de ciência política. O livro abrange o período que se estende da queda do Império Romano à morte de Lourenço, o Magnífico, e vibra nele a mesma doutrina política que já exprimira n'*O príncipe* e nos *Discursos*. Através da narração dos acontecimentos históricos, Maquiavel sublinha suas ideias fundamentais: a condenação das armas mercenárias e forasteiras, a ação do papado como causa da impossibilidade de união dos Estados italianos e o caráter exemplar da Antiguidade clássica. Desfilam, de outro lado, pelas páginas de seu livro as personalidades históricas julgadas por ele modelares, símbolos do novo príncipe almejado, como Teodorico, Cola di Rienzo e Lourenço de Medici. Com suas *Histórias florentinas*, Maquiavel lançou, no dizer de Ridolfi, as bases da moderna historiografia. O mesmo biógrafo observa que o período durante o qual escreveu Maquiavel sua história apresenta um singular vazio na sua biografia e correspondência,

[...] um vazio que, ao menos simbolicamente, nos representa o recolhimento e a solidão do escritor, todo entregue à grandeza e dificuldade da obra.[114]

---

114. Roberto Ridolfi, ob. cit., p. 299.

Em dezembro de 1521, falecia Leão X. Sucedeu-lhe no trono pontifício o cardeal de Tortosa, Adriano Dedel de Utrecht, sob o nome de Adriano VI. Esta eleição causou em Roma uma grande indignação popular. O novo papa, além de não falar italiano, pronunciava o latim de um modo ininteligível para os italianos.

No ano seguinte, foi descoberta em Florença uma conspiração republicana contra o governo do cardeal Giulio de Medici. Eram os conjurados frequentadores das reuniões dos *Jardins do Palácio Rucellai*; dois deles, Jacob Diaceto e Luigi di Tommaso Alamani foram presos e decapitados, os demais conseguiram escapar. Dissolvido, assim, o grupo que se reunia nos jardins Rucellai, Maquiavel se viu confinado à solidão de sua casa campestre.

Curto foi o pontificado de Adriano VI: em setembro de 1523, extinguia-se o último papa estrangeiro que já teve a Igreja de Roma. Foi eleito, então, para o trono de São Pedro, o cardeal Giuliano de Medici, que adotou o nome de Clemente VII. A eleição pontifícia se revestiu de uma alta significação política, pois no conclave se defrontaram as correntes rivais da França e da Espanha, que disputavam nos campos de batalha o domínio da Itália. Grandes eram, portanto, as responsabilidades políticas do novo pontífice.

Mas, em breve, se verificou que faleciam a Clemente VII as qualidades de homem de Estado que o momento exigia do chefe da Igreja.

Tímido e irresoluto o novo Papa fugia de qualquer responsabilidade maior, e esta fraqueza de caráter, que lhe foi sempre funesta, era acrescida pela natureza de seu engenho, que nos momentos mais difíceis, se perdia em pesar longamente os prós e os contras de todo partido a tomar.[115]

Florença sentiu, desde logo, os efeitos da inabilidade política do papa. Este, de fato, designou para governar a cidade o cardeal de Cortona, Silvio Passerini, e dois jovens bastardos, Hipolito e Alexandre de Medici. O cardeal, "de maneiras duríssimas, era totalmente incapaz",[116] observa Villari, e atraiu sobre os Medici um grande ódio popular que mais tarde explodiu em franca rebelião contra o regime.

Clemente VII assumira o comando da Igreja num momento em que a crise política italiana, resultante da competição entre franceses e espanhóis, atingia o seu ponto climático. A 24 de fevereiro de 1524, travou-se a batalha de Pavia entre os exércitos de Francisco I e de Carlos V, a qual terminou com a derrota fragorosa dos franceses, cujo rei caiu prisioneiro dos espanhóis. Carlos V, que sucedera a seu avô Maximiliano à testa do Império, unindo assim a potência da Espanha à coroa imperial, tornara-se o mais

115. Pasquale Villari, ob. cit., p. 294, 2º v.

116. [...] *durissimo di modi, era affatto incapace* [...]

poderoso de todos os soberanos da Europa e o árbitro dos destinos da Itália. Sentindo isto, os Estados italianos se aproximaram da França e, em maio de 1526, Francisco I, que conquistara finalmente a liberdade assinando o Tratado de Madri, declarou este nulo e, em Cognac, celebrou com Clemente VII, Florença, Veneza e o Sforza uma "liga santa" contra o imperador. Este, de seu lado, encontrou aliados nos Colonna, no duque de Ferrara e no luterano tirolês Frundsberg, que entrou na Itália à frente de 12 mil mercenários. A indecisão dos aliados, comandados sem muita convicção pelo duque de Urbino, favoreceu o triunfo das armas imperiais que, sob o comando do condestável de Bourbon, marcharam sobre Roma, assaltando-a em maio de 1527. A cidade foi invadida pelas tropas espanholas e alemãs e, durante vários dias, impiedosamente saqueada. O papa, que se refugiara no Castelo de Sant'Angelo e que não foi defendido nem pelo duque de Urbino nem pelos aliados, não teve outra alternativa senão capitular, retirando-se da liga. A derrota de Clemente VII teve como consequência imediata a queda dos Medici, que mais uma vez tomaram o caminho do exílio. Proclamada a república em Florença, foi restabelecida a constituição que Savonarola formulara.

Maquiavel, em seguida à batalha de Pavia, sentira claramente a gravidade do perigo que pesava sobre Florença. Regressando de Roma, tudo fez para convencer o papa e os governantes florentinos da necessidade de fortalecer a defesa da cidade contra um ataque imprevisto das tropas imperiais. Sua ideia era a de armar o povo convocando-o a defender a pátria da invasão estrangeira, bem como a de reforçar o sistema das fortificações florentinas. Nos dois anos que mediaram entre a batalha de Pavia e a queda dos Medici, a atividade do ex-secretário não conheceu limites de devotamento e energia. Para a defesa militar de Florença, chegou a desenhar baluartes. Em abril de 1526, foi nomeado provedor e chanceler de um novo órgão governamental, encarregado de providenciar o fortalecimento dos muros da cidade. De uma dedicação infatigável, corria de um canto a outro, cavalgando dia e noite, redigia instruções, traçava planos defensivos e analisava, com lucidez invulgar, os erros cometidos pelos capitães aliados. A timidez e a irresolução permanentes de Clemente VII, que precipitaram sua derrota, levaram Maquiavel a julgar severamente o papa, lançando-o com desprezo "no limbo das crianças".[117]

Quando caíram os Medici e a república foi restaurada, Maquiavel, que, nos últimos anos, os servira, embora em funções secundárias, se viu novamente posto à margem, encarado com desconfiança pelo novo governo. Tinha já 58 anos, estava envelhecido e cansado, e seu sofrimento foi

---

117. [...] *nel limbo dei bambini.*

imenso quando verificou que a república não lhe devolvia o lugar de secretário, do qual fora expulso por tê-la justamente servido com devotamento incansável.

Poucos dias depois de perder sua última esperança de voltar ao seu antigo posto na chancelaria de Florença, Maquiavel caiu seriamente doente. Seu estado de saúde agravou-se rapidamente. De nada lhe valeram desta vez as pílulas que costumava tomar quando era assaltado pelas cólicas que agora o prostravam ao leito, irremediavelmente. Já desenganado, rodeado pelos fiéis amigos de sempre Francesco del Nero, Zanobi Buondelmonti, Luigi Alamani, Jacob Nardi e Filipe Strozzi, não perdeu o doente o bom humor costumeiro. Foi quando teria contado aos presentes ter tido um curioso sonho: vira uma turba de pobres andrajosos, macilentos e esquálidos; perguntara quem eram e lhe responderam que se tratava dos beatos do Paraíso, dos quais diziam as Escrituras: "bem-aventurados os pobres, pois deles é o reino dos céus".[118] Desaparecidos estes, surgira-lhe um grupo de personagens de aspecto nobre, ricamente trajados, que gravemente discutiam política; entre eles reconheceu Platão, Plutarco, Tácito e outros nomes famosos da Antiguidade clássica. Indagando quem eram eles, soube que diante de si estavam os danados do Inferno, pois fora escrito: "a sabedoria deste século

118. [...] *beati pauperis quoniam ipsorum est regnum caelorum.*

é inimiga de Deus".[119] Desfeita a visão, perguntaram-lhe com qual dos dois grupos desejaria ficar. Respondera então preferir ir para o Inferno com os nobres espíritos a discutir política, a ser mandado para o Paraíso entre os andrajosos que lhe haviam surgido primeiramente.[120]

Sobre os últimos instantes da vida de Maquiavel, há um depoimento escrito por seu filho Piero, que contava na ocasião 13 anos de idade, em carta dirigida a seu tio materno Francisco Nelli, advogado em Pisa. Segundo tal documento – considerado apócrifo por Tommasini, mas reputado autêntico, a nosso ver com boas razões, por Roberto Ridolfi[121] –, o secretário florentino morreu cristãmente: "aceitou confessar os seus pecados ao frei Matteo, que lhe fez companhia até a morte".[122] E o filho acrescentava: "o nosso pai nos deixou em grande pobreza, como vocês sabem".[123] Morreu Maquiavel a 21 de junho de 1527, com 58 anos de idade, e no dia seguinte foi sepultado na tumba da família, na Igreja de Santa Croce, em Florença.

119. [...] *sapientia huius saeculi inimica est Dei.*

120. Roberto Ridolfi, ob. cit., p. 376.

121. Roberto Ridolfi, ob. cit., p. 377.

122. [...] *lasciosi confessare le sue peccata da frate Matteo, che gli à tenuto compagnia sino a morte.*

123. [...] *il padre nostro ci à lasciato in somma povertà, come sapete.*

Aquele que passaria em breve a ser apontado como o próprio símbolo da astúcia e da duplicidade, da falta de escrúpulos e da desonestidade calculada e fria, preceptor de tiranos sequiosos de poder, de riqueza e de glória, deixava o mundo obscuramente, sem ter sequer conseguido assegurar para a família uma situação financeira tranquilizadora. Nunca chegara a viver em abastança, nem participara do fausto e esplendor da vida renascentista; fora, ao contrário, frequentemente mal pago nas suas missões ao exterior; atravessara a existência na posição subalterna do intelectual que presta sua colaboração indispensável aos poderosos do momento, sem ter outra recompensa além da satisfação íntima de tomar parte, ainda que nos bastidores, na competição política de uma época efervescente e criadora, e de sentir a influência de suas ideias e recomendações no curso dos acontecimentos.

Sua vida foi a de um funcionário público de inteligência excepcional, ao qual a condição modesta não permitiu jamais ascender às posições eminentes a que faziam jus sua rara capacidade político-diplomática e seu zelo patriótico; vida de um boêmio contumaz que amava a natureza e os seus prazeres e por ela pautava seu procedimento; vida de um patriota preocupado em defender a liberdade de sua pátria florentina, de um visionário também, que sonhou profeticamente uma pátria maior e livre da dominação estrangeira; vida de um lúcido observador e analista da natureza humana e dos lances característicos e permanentes do jogo político; de um artista da palavra, enfim, que soube transfundir sua experiência e seu conhecimento do mundo e dos homens numa prosa límpida e concisa, com razão considerada por De Sanctis, pressentimento da prosa moderna.

Em 1527, encerrava-se a existência de Nicolau Maquiavel, ex-secretário da chancelaria de Florença, mas só então sua obra começaria verdadeiramente a viver, projetando sobre seu nome, além de todos os vitupérios e objurgatórias de quantos quiseram ver nele a própria fonte da corrupção e do mal, a glória e a imortalidade que, durante a vida, ele tão profundamente venerara.

SEGUNDA PARTE
✳ O PENSAMENTO POLÍTICO

CAPÍTULO NONO

Tanto os *Discursos sobre a primeira década de Tito Lívio* quanto *O príncipe* não foram publicados senão após a morte de Maquiavel, aqueles em 1531, este em 1532. Não se conhecem ao certo os motivos que levaram Maquiavel a adiar a publicação do segundo a ponto de fazer dele um livro póstumo. L. Arthur Burd[124] pondera que a razão deve ser buscada nas circunstâncias políticas da Itália entre 1513 e 1527. Maquiavel teria achado conveniente reservar *O príncipe* para uma conjuntura propícia a fim de que sua difusão pudesse ter algum efeito prático no curso da política italiana. Mas aconteceu, acrescenta aquele crítico, que o momento favorável estava passando justamente quando Maquiavel estava escrevendo o livro, não tendo mais voltado enquanto o autor viveu.

Cópias manuscritas de *O príncipe*, entretanto, já haviam circulado entre os amigos do secretário florentino, ainda em sua vida, particularmente entre os frequentadores das tertúlias filosófico-literárias nos jardins de Bernardo Rucellai – onde se reuniu também a Academia platônica

124. L. Arthur Burd, ob. cit., p. 2.

– tendo gozado assim de uma relativa publicidade. Mas as ideias contidas no livro não suscitaram então maior escândalo, o que se compreende perfeitamente se levarmos em conta que elas estavam em consonância com a prática política vigente na época. O livro, na verdade, permaneceu ignorado durante muitos anos. Informa Tommasini: "até o começo de 1541, não surge uma clara oposição contra Maquiavel".[125] O próprio Maquiavel, provavelmente, dele se desinteressara, desapontado com a indiferença com que *O príncipe* teria sido recebido por Lourenço de Medici. É pelo menos o que parece indicar o fato de haver o filósofo aristotélico Agostino Nifo di Sessa podido publicar impunemente, em Nápoles, em 1523, vivo ainda Maquiavel, o livro *Sobre a habilidade de reinar*,[126] plágio descarado que não passava de uma tradução latina d'*O príncipe* e que só foi denunciado como tal no século XIX, por Nourrisson, do Instituto de França. Outra prova de que o livro não chamou desde logo a atenção geral como um tratado político revolucionário está em que o papa não hesitou em encomendar a Maquiavel, depois de já ter sido divulgado o livro em manuscrito, a história de Florença, nem recusou o seu *imprimatur* para a publicação póstuma da obra. De fa-

125. [...] *sino al principio del 1541, contro l'opere di Niccolò non si leva opposizione palese*. Oreste Tommasini, ob. cit., p. 922, 2º v.

126. *De regnandi peritia*.

to, em 23 de agosto de 1531, Clemente VII concedeu a Antônio Blado o privilégio de imprimir as obras de Maquiavel, isto é, *O príncipe*, os *Discursos* e as *Histórias florentinas*.

Não tardaria, porém, a se desencadear contra Maquiavel a grande campanha que o desfiguraria perante a posteridade, acumulando sobre sua imagem os traços mais contraditórios e as cores mais sinistras e sombrias. A calmaria que cercara inicialmente o lançamento do pequeno tratado foi rompida pela palavra do cardeal inglês Reginald Pole, que, horrorizado com a maléfica influência que o mesmo estaria exercendo sobre Cromwell, denunciou o pensador florentino como um espírito satânico, defensor do despotismo e justificador de todas as arbitrariedades e violências. Com o advento da contrarreforma, os jesuítas, que seriam por sua vez acusados de maquiavelismo, e que se achavam interessados em recolocar o Estado sob a autoridade da Igreja, tudo fizeram para combater aquele que se batera sempre pela independência e primado do Estado. Queimaram-no em efígie, em Ingolstadt e, em 1559, convenceram o papa Paulo IV a colocá-lo no Index (na companhia, aliás, de Boccaccio, Savonarola e Erasmo) por decreto que foi, em 1564, confirmado pelo Concílio de Trento. De outro lado, o huguenote Inocencio Gentillet publicou, em 1576, o seu *Contra Nicolau Maquiavel Florentino*,[127] em

127. *Contre Nicolas Machiavel Florentin.*

que não só qualificou o escritor de "ateu malcheiroso",[128] mas também denunciou suas doutrinas como instigadoras da "Noite de São Bartolomeu", acusando-as de haver insuflado no espírito de Catarina de Medici a ideia do massacre, e de haver introduzido métodos alienígenas, isto é, italianos, na política francesa. O livro de Gentillet, traduzido em 1602 para o inglês, contribuiu grandemente para divulgar na Inglaterra a legenda de um Maquiavel demoníaco, a ponto de, segundo alguns autores, ter se originado no seu nome o apelido de *Old Nick*, sob o qual o diabo figura na literatura elisabetana.

Lido por reis e ministros de Estado, príncipes, políticos e diplomatas, doutrinadores e homens de ação, louvado e seguido aberta ou disfarçadamente por uns e condenado sincera ou hipocritamente por outros, acusado de ateísmo, de satanismo e de crueldade – houve mesmo quem o apontasse como conselheiro de Cesar Borgia no morticínio de Senigaglia –, verberado como apologista do despotismo e preceptor do imoralismo político, Maquiavel veio a ser, no entanto, reivindicado mais tarde por Jean Jacques Rousseau, que chamou *O príncipe* de "livro dos republicanos", afirmando que seu autor, fingindo dar lições aos reis, dava-as aos povos, ensinando-os a como se defender dos tiranos.

128. [...] *puant athéiste* [...].

De um modo geral, os críticos de Maquiavel até o século XIX se basearam quase exclusivamente n'*O príncipe* – o que se compreende se se tem em mente que este é o livro mais incisivo, mais brilhante de toda a obra maquiavélica, e também um livro curto –, lendo-o em regra de má-fé, citando frases fora do texto, não levando em conta o ambiente histórico em que surgiu, e deturpando assim seu pensamento pela simplificação ou insuficiente compreensão de suas ideias. De outro lado, como reação, seus defensores se colocaram num extremo oposto igualmente inaceitável, apresentando-o como um cristão convicto, republicano, patriota exaltado e amante da liberdade, que teria pregado a necessidade do absolutismo como mero expediente político ou refletido apenas as imposições do momento histórico. Defesa que continha uma parcela de verdade mas que teve a prejudicá-la seu evidente intuito apologético. Foi o que fez, por exemplo, o jurista Stefano Bertolini, que publicou em 1771 uma coletânea de máximas de Maquiavel, sob o título *A mente de um homem de Estado*, na qual não hesitou em suprimir passagens e retirar frases do texto, com o objetivo de reconciliar o pensamento maquiavélico com o catolicismo e a Igreja. Finalmente, no século XIX, os escritores do Ressurgimento glorificaram retoricamente Maquiavel como profeta da independência italiana e do exército nacional, deixando deliberadamente na sombra o problema moral, com todas as repercussões no campo do direito público, que a obra do secretário florentino inevitavelmente coloca.

A tendência moderna – iniciada por Leopold Ranke e Enrico Leo em 1824 e, particularmente, pelo ensaio publicado por T. B. Macaulay, na *Revista de Edinburgo*, em 1827 – não consiste nem em denegrir sistematicamente Maquiavel, como o fizeram os antimaquiavelistas, muitos dos quais, como Frederico, o Grande, autor de um "Antimaquiavel", não deixaram de ser praticamente maquiavélicos em sua atuação política, nem tampouco em louvá-lo indiscriminadamente. Ao contrário, o que se tem procurado modernamente é avaliar criticamente sua obra, situando-a no momento histórico, examinando-a metodicamente em sua inteireza e valorizando, de modo particular, ao lado d'*O príncipe*, as *Histórias florentinas*, a *Arte da guerra* e os *Discursos sobre a primeira década de Tito Lívio*, livros que se conjugam e mutuamente se completam, sendo que os últimos apresentam, com relação aos primeiros, pontos de aproximação e de contraste, sendo indispensáveis para nos dar uma visão completa do pensamento de Maquiavel, no qual a justificação do absolutismo coexiste com um manifesto entusiasmo pela forma republicana de governo.

O maquiavelismo não é, na verdade, nem uma doutrina nem uma teoria política elaborada abstratamente, por cujas consequências se possa com justiça responsabilizar pessoalmente Maquiavel. Segundo L. Arthur Burd,[129] o maquiavelismo é antes um estado de espírito que teria surgido no curso natural das coisas mesmo que Maquiavel nada tivesse escrito. Há, de fato, um maquiavelismo anterior a Maquiavel, como Charles Benoist[130] claramente demonstrou, na medida em que o secretário florentino alicerçou suas máximas políticas no conhecimento da história clássica e na observação dos fatos e personalidades de sua época. Rômulo, Licurgo, Fernando de Aragão, Francisco Sforza, Cesar Borgia, Alexandre VI, tais foram alguns dos heróis da mitologia maquiavélica – heróis que o precederam no tempo ou que foram seus contemporâneos, e de cujas ações ele extraiu os ditames de sua sabedoria política.

A exaltação da força e da astúcia, a ideia de que a justiça é o interesse do mais forte, o recurso a meios violentos e cruéis não foram noções ou receitas inventadas por Maquiavel, mas remontam à Antiguidade clássica, às fábulas de Esopo e Fedro, e ao pensamento dos sofistas gregos, por exemplo, refletindo constantes malignas da natureza humana que nem mesmo a Idade Média cristã conseguiu eliminar de todo da prática política, e que no Renascimento ressurgiram violentamente, reivindicando para si mesmas uma primazia insólita na direção dos negócios humanos.

129. L. Arthur Burd, ob. cit.

130. Charles Benoist, *Le Machiavélisme*. Paris: Plon, 1936, 3 v.

Maquiavel não traçou, portanto, regras políticas que estivessem em contradição com o seu tempo e que passassem, desde então, a ser germes de corrupção ou incentivos ao absolutismo, como seus adversários quiseram fazer crer; limitou-se a registrar dados de fato, normas empíricas de conduta que explicavam no passado e no presente os êxitos e fracassos políticos; ao mesmo tempo, interpretou ele as tendências políticas da época, que eram o absolutismo real e o secularismo, sob cujos auspícios nascia o Estado moderno.

O que Maquiavel fez, em suma, foi codificar e difundir as normas práticas que sempre regularam a conduta humana no plano político, ainda que frequentemente sob disfarces hipócritas. Se alguma responsabilidade moral lhe pode ser atribuída, será a de não se ter preocupado em submeter a prática política ao crivo de um código moral meta-histórico, mas isto resultou do método indutivo-empírico que o espírito da Renascença lhe inspirou. Como observa Ernst Cassirer:

> Maquiavel encarava os combates políticos como jogos de xadrez. Tinha estudado as regras a fundo. Mas sem a mais leve intenção de mudá-las ou criticá-las.[131]

131. *Machiavelli looked at political combats as if they were a game of chess. He had studied the rules of the game very thouroughly. But he had not the slightest intention of changing or criticizing these ru-*

A reação contra Maquiavel foi tanto maior quanto sua obra veio pôr a nu a verdadeira motivação e a mecânica real da política de todos os tempos. Em grande parte, a corrente antimaquiavélica não é senão, como escreveu Antonio Gramsci,[132] a manifestação teórica deste princípio de arte política elementar: que certas coisas se fazem mas não se dizem.

Convém, porém, ter em mente que há um falso maquiavelismo, popularmente difundido em todo o mundo, fruto da deturpação, da má-fé ou da simples ignorância, e com o qual nada tem a ver o pensamento de Maquiavel. Ou pelo menos do qual este se distingue tão nitidamente quanto a poesia de Gongora, por exemplo, se distingue do falso gongorismo ou os ensinamentos de Inácio de Loyola do jesuitismo de curso popular... Entretanto, certo é que existe um maquiavelismo real e autêntico correspondendo exatamente às ideias genuínas do secretário florentino, à sua técnica política, à sua conceituação pessimista da posição do homem na sociedade, à sua concepção das relações do indivíduo com o Estado. Não é prudente, por isso mesmo, afirmar, sem maiores distinções, que Maquiavel não é maquiavélico – não o é certamente no sentido vulgar da palavra, como Gongora não é também gongórico –, mas examinadas obje-

les. Ernst Cassirer, *The Myth of the State*. Nova Iorque: Doubleday, 1955 p. 178.

132. Antonio Gramsci, *Note sul Machiavelli*. Turim: Einaudi, p. 118.

tivamente, sem qualquer *parti-pris*, suas ideias configuram uma posição ideológica, ou melhor, uma pragmática política que merece um qualificativo próprio pelo seu evidente conteúdo revolucionário, fundamentalmente em choque com a consciência moral da tradição política cristã.

Maquiavel se coloca, na história do pensamento político ocidental, como um homem típico do Renascimento italiano, e como tal encarna uma mentalidade impregnada de paganismo e secularismo, oposta à ética tradicional, em conflito com a teologia e a escolástica medievais, e para a qual o limite da moralidade pública já não é mais a lei natural, mas o interesse supremo da comunidade política, mais exatamente, do Estado. Sua justificação da força, da astúcia, da fraude, da violência, da crueldade e da conquista, quando postas a serviço dos fins do Estado, subsiste intacta mesmo depois de dissiparmos todas as brumas de incompreensão e removermos todas as falsas tintas com que interpretações errôneas e parciais o desfiguraram através da história.

O que resulta de um exame desapaixonado e objetivo da obra integral de Maquiavel é que seu pensamento refoge a esquemas simplistas, não se deixando aprisionar em fórmulas que não levem em conta a complexa dialética de suas ideias políticas, desenvolvida sem caráter sistemático, mas obedecendo a uma rigorosa lógica interna, mormente n'*O príncipe* e nos *Discursos*, que procuraremos, a seguir, analisar e avaliar. ✳ ✳ ✳

CAPÍTULO DÉCIMO

✳

Segundo Villari,[133] o fato que teria inspirado o conceito d'*O príncipe* foi a ideia de Leão X de fundar um novo Estado, que abrangeria Parma, Modena, Urbino e Ferrara, entregando-o a Giuliano de Medici. Essa decisão política do papa acendeu no espírito de Maquiavel a esperança de ver lançados, graças a essa aliança de Roma e Florença, os fundamentos de um grande Estado monárquico-unitário italiano, capaz de libertar o país da ocupação estrangeira. A condição em que se encontrava a Itália no início do século XVI, invadida e devastada por franceses, espanhóis e alemães que disputavam sobre seu solo a hegemonia política na península, era objeto de profunda preocupação e amargura para o secretário florentino. Diante das monarquias da França, da Espanha e da Inglaterra, potências que, com seu exemplo de organização política unitária e absolutista, traçavam toda uma nova orientação na política europeia, face a esses grandes blocos étnicos, governados por príncipes absolutos que haviam conseguido impor sua autoridade real apesar de todas as resistências

133. Pasquale Villari, ob. cit.

da nobreza, dos parlamentos, das cidades livres e do clero, a Itália não existia politicamente, não constituía um país, faltando-lhe um poder central suficientemente forte para unificá-la, a exemplo de suas vizinhas continentais: dividida internamente, corroída e devastada por lutas civis, rivalidades e dissensões de toda espécie, moralmente corrompida e prostrada, oferecia campo livre ao impulso expansionista sobretudo da França e da Espanha, cujas ambições de conquista se chocavam em seu território.

Num momento em que, sobre a decadência das instituições representativas, a monarquia absoluta se erguia vitoriosa como o tipo predominante de governo na Europa ocidental, Maquiavel sentiu profundamente, mais do que ninguém, levado talvez pelo que havia nele de visionário, a urgência de constituir em solo italiano um Estado monárquico-unitário que, sob a inspiração e comando de um novo príncipe, libertasse a Itália do domínio estrangeiro e a contrapusesse, unida e armada, às grandes monarquias da França, da Espanha e da Alemanha, estabelecendo dessarte um equilíbrio político no continente europeu.

Esta foi, na realidade, a gênese de seu livro *O príncipe*, perfeitamente compatível, de resto, com a versão que atribui a Maquiavel, ao escrevê-lo, o objetivo de conquistar as boas graças dos Medici. Mesmo admitindo o interesse pessoal do autor de fazer valer o seu talento perante os poderosos do momento, não há dúvida de que o livro veio atender à necessidade que se sentia na época de se formular uma nova teoria política, mais adequada do que a clássica distinção aristotélica das várias formas de governo, às novas praxes e realidades políticas do Renascimento. Verdade é que Maquiavel esteve longe de ser um teórico doutrinário, mas o seu livro, que se coloca entre o tratado escolástico da tradição medieval e as aéreas construções utópicas renascentistas, sistematizou de certo modo os processos políticos da fase histórica em que, teórica e praticamente, nascia o Estado moderno.

Intensa era então a especulação intelectual em torno dos problemas fundamentais da política. Numa hora em que entravam em decadência as instituições representativas medievais e se fortalecia a concepção do soberano como fonte de todo poder político, o esforço especulativo era no sentido de fixar as responsabilidades e direitos dos governantes e delimitar o domínio autônomo e secularizado da atividade política. Grande era o número de obras publicadas que versavam sobre o valor e eficácia dos diversos regimes políticos, umas recorrendo à tradição jurídica romana para estabelecer as bases jurídicas do Estado, outras buscando na tradição cristã os princípios morais que deveriam reger a formação do príncipe, outras enfim se consagrando a imaginar a comunidade ideal. A forma republicana de governo se achava bastante desacreditada e todos os louvores eram endereçados às virtudes do principado ou monarquia. Mas o príncipe que os humanistas do Renascimento apresentavam como modelo aos governantes, não passava de uma construção do espírito, de uma formulação abstrata e ideal, desvinculada de qualquer possibilidade prática e em contraste chocante com a realidade crua e áspera da época quinhentista. O príncipe ideal do humanismo era o símbolo de todas as virtudes humanas, expressão suprema de bondade e devoção religiosa, cultor da filosofia, amigo do povo, magnânimo e prudente, compêndio, enfim, de todas as perfeições físicas, intelectuais e morais. Contra essa concepção edificante de um príncipe utópico, que ignorava as imposições do momento histórico e as condições particulares em que se achava a Itália, contrapôs Maquiavel um conceito realista de técnico político, para o qual o importante era ater-se à "verdade efetiva das coisas".[134] O príncipe maquiavélico não emerge do pensamento de seu autor aureolado pelas virtudes da ética tradicional, como produto de uma elaboração mental utópica; não o constrói Maquiavel dedutivamente, partindo de princípios abstratos, estabelecidos aprioristicamente, ou de normas do "dever-ser" moral. Plasma-o, ao contrário, indutivamente, com base nos dados de sua observação e de sua experiência e inspirado nos exemplos da Antiguidade clássica, investindo-o de uma lógica ine-

134. [...] *verità effettuale delle cose*.

xorável para a consecução de seu objetivo supremo: a conquista e a preservação do poder político absoluto.

Será necessário ter sempre em mente que *O príncipe* foi escrito em função das condições dominantes na Itália no momento de sua composição, e que teve como escopo exortar um novo príncipe à empresa da libertação italiana, instruindo-o para tanto quanto aos meios mais adequados à fundação de um novo Estado e à manutenção de sua autoridade, a fim de que se possa compreender perfeitamente o seu verdadeiro alcance e significado.

> *O príncipe* foi escrito sobre um príncipe para um príncipe e para mais ninguém; certamente não foi escrito para o público em geral. Trata-se de um ensaio sobre o que representaria o sucesso, na Itália, do ponto de vista de um príncipe. É uma tentativa de demonstrar aquilo que um príncipe deveria compreender, aquilo que deveria fazer e ser bem como aquilo que deveria evitar para consolidar e estender os seus domínios.[135]

135. *The Prince was written of a Prince for a Prince and for no one else; it was certainly not written for the general public. It is an essay on what makes for success in Italy from the point of view of a Prince. It is an endeavour to show what a Prince must understand, what he must do and be, and what he must not do, in order to consolidate and extend his dominion.* J. W. Allen, *A History of Political Thought in the Sixteenth Century.* 3ª ed., Londres: Methuen, 1951, p. 466.

A observação é, sem dúvida, exata, mas não é menos verdade que o livro possui também um valor que transcende o seu tempo, pois de outro modo não se justificaria a sua repercussão histórica universal. A genialidade de Maquiavel, aliás, reside exatamente nisto: haver penetrado de tal maneira na própria substância do comportamento político do homem, descobrindo as leis próprias da política e anatomizando friamente as fibras das paixões humanas, que seu livro ganhou uma validade permanente e um interesse que não conhece limitações geográficas.[136]

Teve sem dúvida razão Luigi Russo[137] ao destacar a clareza arquitetônica da estrutura d'*O príncipe*, pois de fato o livro se distingue das demais obras de Maquiavel pela sua impecável e harmoniosa composição. Discriminados no primeiro capítulo os vários tipos de principados (ou monarquias), os dez capítulos seguintes se apresentam como desenvolvimento das diferentes características e qua-

136. Ele representa mais do que o espírito do seu país e da sua época. O conhecimento, a civilização e a moralidade têm aumentado, mas três séculos prestaram testemunho duradouro da sua veracidade política. (*He represents more than the spirit of his country and his age. Knowledge, civilization and morality have increased but three centuries have borne enduring witness to his political veracity*). Lord Acton, introdução à edição de *O príncipe* comentada por L. A. Burd.

137. Luigi Russo, *Machiavelli*. Bari: Laterza & Figli, 1949, p. 68.

lidades dos mencionados principados; uma vez finda essa análise, entra Maquiavel a demonstrar que a base fundamental de qualquer Estado está na sua autarquia militar, e que nada pode haver de mais perigoso para o príncipe do que repousar sua segurança em armas mercenárias, conceitos que explora e desdobra nos dois capítulos seguintes, advertindo que um príncipe sábio deve confiar apenas nas suas próprias forças militares, não deixando de se interessar jamais pela arte da guerra, caso não queira perder o seu Estado. O capítulo XV dá início a um novo tema, entrando o autor propriamente no exame do problema do governo de um povo, ao abordar os "modos e comportamento de um príncipe com seus súditos e amigos".[138]

Trata-se de um capítulo fundamental, pois nele Maquiavel fixou suas ideias mais originais e audaciosas, aquelas que iriam desencadear a polêmica história entre maquiavelistas e antimaquiavelistas; capítulo que serve de eixo aos capítulos sucessivos até o XXIII inclusive, dos quais se destaca o XVIII, onde vem exposta a intuição básica da política maquiavélica simbolizada no Centauro, política para a qual "é necessário saber usar bem da fera e do homem".[139] Os três capítulos finais concluem o conciso e lúcido tratado, numa gradação admirável, que passa da constatação

138. [...] *modi e governi di uno principe con sudditi e con li amici.*

139. [...] *è necessario sapere bene usare la bestia e l'uomo.*

dos motivos por que os príncipes italianos perderam os seus Estados, à afirmação do poder da vontade humana de domar e vencer a própria fortuna, para culminar na eloquente e emocionante exortação ao novo príncipe para que viesse redimir a Itália e libertá-la das mãos dos bárbaros.

A patriótica peroração d'*O príncipe* representa o tributo que o realista Maquiavel pagou ao utopismo do Renascimento, e se destaca na exposição científica e fria do pequeno e singular tratado como um ardente sonho de visionário, ou uma projeção profética, que só três séculos mais tarde iria se converter em realidade.

> O caráter utópico d'*O príncipe* está no fato de que o Príncipe não existia na realidade histórica, não se apresentava ao povo italiano com características de imediateza objetiva, mas era uma pura abstração doutrinária, o símbolo do chefe, do *condottiere* ideal.[140]

Gramsci sugere que *O príncipe* deve ser estudado como uma manifestação histórica do "mito" soreliano, isto é, de uma ideologia política que não se apresenta nem como fria utopia nem como raciocínio doutrinário, mas como uma criação da fantasia concreta que atua sobre um povo disperso e pulverizado para suscitar-lhe e organizar-lhe a vontade coletiva.

140. Antonio Gramsci, ob. cit., p. 3-4.

De fato, não existiam no século XVI condições propícias à obra de unificação e libertação nacional que Maquiavel almejava ver realizada pelo herói de sua imaginação. A ausência de uma consciência política italiana fez com que a exortação final d'*O príncipe* passasse durante largo tempo despercebida, deixada nos bastidores, enquanto todas as atenções se voltavam para o conteúdo político-pedagógico da obra. O amadurecimento da ideia nacionalista e o aparecimento de condições favoráveis à unificação da Itália determinaram no século XIX uma reavaliação do livro, dedicando-se os escritores do Ressurgimento[141] a trazer para o primeiro plano, como o próprio fulcro d'*O príncipe*, o seu eloquente capítulo final, e em forçar fora da cena ou pelo menos em colocar na sombra o embaraçoso – sobretudo para os católicos liberais – problema moral do maquiavelismo.

---

141. *Risorgimento*.

CAPÍTULO DÉCIMO PRIMEIRO

✳

Com relação a *O príncipe*, os *Discursos sobre a primeira década de Tito Lívio* se colocam em contraste frontal – embora haja entre ambos os livros mais de um ponto de contato –, pois entre seus objetivos figura certamente a exaltação das virtudes do regime republicano como o regime político mais apto, em determinadas circunstâncias, a assegurar a continuidade do Estado e a participação da coletividade na direção da coisa pública. O motivo pelo qual Maquiavel tem sido em geral considerado exclusivamente um defensor do despotismo está em que *O príncipe* foi o seu livro mais largamente difundido – na verdade muitos de seus críticos não leram senão este livro –, ao passo que os *Discursos* nunca chegaram a ser tão conhecidos quanto aquele. Hoje em dia, entretanto, ninguém mais ousaria definir o pensamento político de Maquiavel sem ter presentes as considerações apologéticas que nos deixou sobre a república romana, as quais colocam na devida perspectiva histórica sua defesa do absolutismo. Quer-nos parecer, porém, injustificável exaltar o republicanismo de Maquiavel a ponto de, como faz J. W. Allen,[142] qua-

142. Ob. cit., p. 465.

lificar *O príncipe* de simples livro de circunstância, apenas parcialmente sincero. Porque, na verdade, no pensamento maquiavélico, a apologia da monarquia absoluta, uma vez bem compreendida, pode legitimamente coexistir, sem que por isso seu autor deva ser acoimado de insincero, com as manifestas simpatias que os *Discursos* revelam pela forma republicana de governo.

O fato é que ao conceber *O príncipe*, Maquiavel alimentava a convicção de que uma monarquia absoluta, tendo à testa um príncipe rico de *virtù*, constituía a única solução possível naquele momento de corrupção e anarquia da vida italiana, para unificar a Itália e libertá-la do domínio estrangeiro. Essa mesma ideia, em raiz, não deixa, aliás, de figurar também nos *Discursos*, onde se lê: "onde a matéria está corrompida não adiantam leis bem ordenadas, a menos que sejam ditadas por alguém que, com extrema força, faça com que sejam observadas."[143] Acreditava Maquiavel, realmente, que tanto a fundação de uma nação, de um Estado, quanto a reforma de uma cidade corrupta requeriam a intervenção da vontade absoluta de um legislador, como o foram Rômulo, Licurgo e Solon. Não considerava ele a obra política um produto histórico e impesso-

---

143. [...] *dove la materia è corrotta, le leggi bene ordinate non giovano, se già non le son mosse da uno che con estrema forza le faccia osservare* [...]. Nicolau Maquiavel, *Discursos*. l. I, c.XVII.

al, observa Villari, mas a criação específica do homem de Estado, do gênio político, investido do poder despótico de imprimir a forma de sua vontade à consciência popular. Para aquele momento da vida italiana, como de resto para outras situações congêneres, em que o problema político consistia em lançar os fundamentos de um Estado unitário, dar-lhe forma e substância, superando o caos social e a corrupção, eliminando dissensões, rebeldias locais e o divisionismo debilitador, estendendo o domínio e consolidando o poder centralizador do príncipe, Maquiavel recomendou a adoção de um governo monárquico absoluto e formulou as regras de conduta que, a seu ver, levada em conta a prática política da época, melhor poderiam assegurar a instauração e a defesa da autoridade real.

O absolutismo régio se coloca, dessarte, como um recurso necessário em determinadas situações históricas, particularmente nos momentos de reforma ou criação de um Estado, como era precisamente o caso no século XVI, quando teórica e praticamente se configurava o Estado moderno. Sabia Maquiavel, porém, que a sobrevivência do Estado não pode repousar num único indivíduo, por maior que seja sua *virtù*, exigindo antes bases institucionais, isto é, a instauração de um regime legal que garanta a continuidade do governo – "a sucessão das boas ordenações"[144] – e

144. [...] *la successione dei buoni ordini* [...].

a preservação da ordem social: "os reinos que dependem da 'virtù' de um só homem" – escreve ele – "são pouco duráveis porque a *virtù* faltará quando ele faltar."[145] E ainda: "a saúde e a salvação de uma república ou de um reino não dependem de um príncipe que governe com prudência enquanto viver, mas de alguém com capacidade de dispor as coisas de tal maneira que, mesmo depois de sua morte, elas possam se manter".[146] Finalmente: "se a um só homem couber ordenar, o que for ordenado dessa maneira não durará muito, mas durará se ficar sob os cuidados de muitos e se a muitos couber manter o que foi ordenado".[147]

Foi a esse segundo momento da vida do Estado que Maquiavel dedicou suas reflexões dos *Discursos*, nas quais, no dizer de Luigi Russo, se verifica um progresso especulativo em relação à doutrina formulada n'*O príncipe*, pois neles se efetua a passagem da concepção do Estado como obra de engenharia do indivíduo de exceção à teoria do

145. [...] *gli regni i quali dipendino solo dala virtù di uno uomo sono poco durabili, perchè quella virtù manca con la vita di quello.*

146. [...] *non è la salute di una repubblica o d'uno regno avere uno principe che prudentemente governi mentre vive; ma uno che l'ordini in modo che, morendo ancora, la si mantenga.*

147. [...] *se uno è atto ad ordinare, non è la cosa ordinata per durare molto, quando la rimanga sopra le spalle di uno; ma si bene, quando la rimane alla cura di molti e che a molti stia a mantenerla.*

Estado-Civilização, do Estado-Força ao Estado-Regime, cujo protótipo será para Maquiavel a república romana. Russo, a quem devemos páginas extremamente agudas sobre Maquiavel, observa ainda que se *O príncipe* é um libelo de política militante que

[...] esgota as exigências da prática política do renascimento, os *Discursos* são uma construção ideal, uma obra de educação política, uma sistematização mais refletida, uma projeção na história passada e futura das "leituras das coisas do mundo",[148] um acolhimento menos polêmico de alguns motivos da ética tradicional, por demais impetuosamente negados ou transcurados n'*O príncipe*.[149]

Colocado assim nesse plano mais desinteressado, mais especulativo do que prático, Maquiavel procurou, sob a inspiração da obra de Tito Lívio, estabelecer um paralelo entre a história de Roma, particularmente das instituições políticas da Roma republicana, e a precária organização política de Florença do seu tempo, entre "a virtù que então reinava e o vício que agora reina".[150] Quis ele perscrutar as razões que explicam o nascimento, a prosperidade e a

148. [...] *lezioni delle cose del mondo* [...].

149. Ob. cit., p. 52.

150. [...] *la virtù che allora regnava ed il vizio che ora regna.*

decadência das nações, animado pelo desejo de descobrir, no exemplo eminente da Roma clássica, qual o segredo da força e da estabilidade dos Estados. Convencido de que a Antiguidade guardava as chaves da sabedoria política, procurou Maquiavel demonstrar como a *virtù* e a prudência exemplificadas pela república romana representavam os fatores básicos para a manutenção, o ordenamento e o desenvolvimento dos Estados. Villari frisa que, com os *Discursos*, Maquiavel procurou "fundar uma nova ciência do Estado nas experiências das coisas humanas e na história".[151]

Maquiavel dedicou os *Discursos* a seus amigos Zanobi Buondelmonti e Cosimo Rucellai, frequentadores ambos das reuniões realizadas nos jardins anexos ao Palácio Rucellai. Dedicou-os dizendo que lhes oferecia aquilo que podia oferecer de melhor, isto é, a súmula de tudo o que aprendera, através de uma longa prática e uma lição contínua das coisas do mundo.

Acham-se os *Discursos* divididos em três livros. No primeiro, estuda Maquiavel os diversos modos pelos quais

---

151. [...] *fondare una nuova scienza dello Stato nelle esperienze delle cose umane e sulla storia*. Ob. cit., p. 281.

se fundam os Estados, bem como a sua organização interna e as diversas modalidades de governo, apresentando sempre como exemplo a história, segundo Tito Lívio, da república romana; no segundo, examina os processos de engrandecimento dos Estados e a arte da conquista de novos domínios; no terceiro, finalmente, tece considerações gerais sobre o crescimento e a decadência dos Estados, e seus modos de transformação, analisando ainda, num longo capítulo, a natureza das conjurações que ameaçam o detentor do poder. Não se julgue, porém, que a matéria do livro se ache distribuída com precisão científica; na verdade, seria mesmo difícil determinar com rigor o tema central da obra, escrita evidentemente ao sabor das leituras e das preocupações de momento do autor, que esteve longe de ser um pensador sistemático. Mas é evidente que, por maior que seja a capacidade de divagação de Maquiavel, os *Discursos* se acham dominados pela ideia de que na imitação da história antiga e, em particular, da república romana, se acha a fonte da sabedoria política.

Estava Maquiavel seguro de que realizava uma obra de marcante originalidade, de que entrava em águas e terras incógnitas,[152] como afirmava no proêmio do livro I:

152. [...] *acque e terre incognite* [...].

Decidi entrar por um caminho que, não tendo sido ainda percorrido por ninguém, me trará fastio e dificuldades, mas poderia me trazer também o reconhecimento daqueles que considerassem de forma generosa o objetivo desses meus labores.[153]

Observa Maquiavel, inicialmente, que no seu tempo os artistas buscavam inspiração nos fragmentos das estátuas antigas, os médicos, medicamentos nas receitas da Antiguidade, os juristas, ensinamentos no direito romano, e que, no entanto, estranhamente, não se recorria aos exemplos dos antigos para organizar as repúblicas e manter os Estados, governar os reinos, organizar os exércitos, planejar a guerra e ampliar o império.

A insistência com que Maquiavel pregou a imitação da Antiguidade, no que concerne à organização político-militar das repúblicas e à manutenção da autoridade do Estado, foi tanto maior quanto ele estava convencido de que a natureza humana é imutável, e de que os mesmos acidentes se repetem incessantemente no mundo, num movimento de permanente retorno histórico.

153. *Ho deliberato entrare per una via la quale, non essendo suta ancora da alcuno trita, se la mi arrecherà fastidio e difficoltà, mi potrebbe ancora arrecare premio, mediante quelli che umanamente di queste mie fatiche il fine considerassino.*

Abre ele os *Discursos* com a observação de que muitos pareciam julgar difícil, senão impossível, a imitação dos antigos no plano político-militar, "como se o céu, o sol, os elementos, os homens, tivessem variado muito, de ordem e de potência, daquilo que eram antigamente".

A história era para Maquiavel a grande mestra, a fonte mais segura de ensinamentos, pois o que ocorrera no passado tendia inevitavelmente, a seu ver, a repetir-se no presente e no futuro. Todas as coisas do mundo, em todos os tempos, dizia ele, encontram seu paralelo nos tempos antigos. O que resulta do fato de serem elas dirigidas pelos homens, que têm e sempre tiveram as mesmas paixões, de tal modo que necessariamente os efeitos são sempre os mesmos. Tinha Maquiavel, como de resto seus contemporâneos, uma concepção ingênua e dogmática da história, a qual o levava a julgar esta última um repositório de exemplos universalmente válidos, ignorando o caráter particular da experiência histórica. Villari adverte que Maquiavel não abordou a história de Roma com espírito crítico, mas aceitou-a indiscriminadamente, sem fazer mesmo qualquer distinção entre fatos históricos e a tradição legendária, sobretudo em torno à origem de Roma.

Estribado em semelhante supervalorização da experiência política da Roma clássica, e na convicção de sua permanente atualidade em vista da imutabilidade da natureza humana – era natural que Maquiavel concluísse pela inutilidade de se imaginar governos ideais que, nunca tendo existido, não tinham possibilidade de vir a existir. Ao político caberia antes aprofundar o conhecimento histórico da arte de governo, tal como a praticaram os grandes legisladores da Antiguidade, a fim de evitar a própria ruína e garantir a sobrevivência do Estado.

> Em todas as cidades em que é grande a igualdade entre os cidadãos só se pode estabelecer um principado com imensa dificuldade; e naquela cidade em que é grande a desigualdade entre os cidadãos, só se pode estabelecer uma república com imensa dificuldade.[154]

Villari conclui daí que Maquiavel não podia esperar que o futuro trouxesse uma melhoria nos costumes políticos, uma vez que partia da ideia de que os homens são sempre os mesmos e de que a história, em consequência, se repete. Faltando-lhe, ainda, como à sua época em geral, uma concepção do *devenir* histórico – que, de resto, esboçada por

154. *In tutte le città ed in tutti i popoli sono quegli medesimi desideri e quelli medesimi onori, e come vi furono sempre. In modo che gli è facil cosa a chi esanima con diligenza le cose passate, prevedere in ogni repubblica le future e farvi quegli rimedi che dagli antichi sono stati usati, o non ne trovando degli usati, pensare de'nuovi perla similitudine degli accidenti.* Nicolau Maquiavel, *Discursos*, l. I. c. XXXIX.

Vico, só entrou na ciência e na cultura ocidentais depois da revolução filosófica iniciada por Kant, como observa Villari –, Maquiavel não dispunha de critérios relativos para julgar diversamente as ações e a conduta política, segundo a variedade dos tempos, as diferentes sociedades e modalidade dos povos, considerando que aquilo que fora oportuno, necessário e útil numa determinada época estava logicamente justificado para sempre.

Se é verdade, porém, que Maquiavel carecia de uma concepção da evolução histórica, não podendo conceber ainda a ideia de progresso, e acreditando antes no retorno cíclico das mesmas situações, na repetição periódica dos mesmos acontecimentos – segundo a filosofia da história de Polibio em que se abeberou à vontade –, não deixa de estar presente na sua obra uma certa consciência do relativismo das formas de governo. De fato, não exaltou ele nenhum regime em abstrato, não proclamou a bondade absoluta de nenhum sistema político, mas procurou sempre pôr em relevo a necessidade de haver uma adequação ou, para usar sua própria palavra, uma "proporção"[155] entre a forma de governo e o meio social.

Erraram, portanto, igualmente, tanto os que quiseram fazer de Maquiavel um apologista exclusivo do absolutismo, como também os que o proclamaram um puro defensor do

155. [...] *proporzione* [...].

ideal republicano, que teria escrito *O príncipe* por conveniência prática ou com intuitos meramente irônicos ou satíri-
cos, sem qualquer sinceridade de convicção, em suma.

Já não se discute mais hoje que as preferências de Maquiavel se inclinavam em tese pela república, considerada
por ele o regime mais propício à realização do bem comum – compreendido este como o oposto do bem particular e se confundindo com o bem do Estado –, mas também se reconhece que, graças a seu realismo, objetividade
e intuição histórica, ele viu claramente que a monarquia
absoluta era, no século XVI, a forma de governo mais adequada aos povos europeus.

> [...] não é o bem particular, mas o bem comum que faz com que
> as cidades se tornem grandes. E, sem dúvida, esse bem comum
> só é observado nas repúblicas [...][156]

Julgava Maquiavel, além disso, que uma república tem
"uma vida mais longa, e tem mais longamente boa fortuna
do que um principado",[157] devido a sua maior capacidade
de adaptar-se às variações dos tempos, a novas situações,

156. [...] *non il bene particolare, ma il bene comune è quello che fa grandi
le città. E senza dubbio questo bene comune non è osservato se non nelle
repubbliche* [...]. Nicolau Maquiavel, *Discursos*, l. II, c. II.

157. [...] *maggiore vita ed ha più lungamente buona fortuna che uno
principado* [...]. Nicolau Maquiavel, *Discursos*, l. III, e. IX.

e que a desejada sucessão de homens virtuosos era melhor
assegurada numa república bem organizada. Mas considerava, ao mesmo tempo, que a organização ou a reforma
de uma república, como a fundação de um reino, exige
um chefe investido de poder absoluto, tais como foram
Rômulo, Moisés, Licurgo e Solon. O fundador ou reformador, porém, deve preocupar-se em ampliar o governo
do Estado, de modo a entregar a sua direção a um colégio
de homens virtuosos – única maneira de garantir a estabilidade das instituições.

> Se um só está apto a ordenar, a coisa ordenada não terá pos-
> sibilidade de durar muito se permanecer sobre os ombros de
> apenas um. Mas sim, poderá durar, se ficar sob os cuidados de
> muitos, e a muitos couber mantê-la.[158]

Assim agiu Rômulo convocando o Senado, após haver
fundado Roma.

Entretanto, consciente do fato de que os Estados não
são uniformes, mas variam segundo circunstâncias históricas, condições de tempo, de clima e de espaço, nascendo
e se desenvolvendo em diferentes ambientes físicos, eco-

---

158. *Se uno è atto a ordinare, non è la cosa ordinata per durare molto
quando la rimanga sopra le spalle d'uno, ma sí bene quando la rimane
alla cura di molti, e che a molti sia a mantenerla.* Nicolau Maquiavel,
Discursos, l. I, c. IX.

nômicos e sociais – circunstâncias, condições e ambientes que imprimem uma particular estrutura e uma individualidade própria a cada um –, Maquiavel não erigiu nenhuma forma de governo em ideal político aplicável indistintamente a todos os povos. Francesco Ercole,[159] que nos deu uma notável sistematização do fragmentado pensamento maquiavélico, observa que o republicanismo do autor d'*O príncipe* foi muito relativo, pois a oportunidade da república está condicionada pela existência de altas virtudes morais e políticas na coletividade, as quais possam levar os indivíduos a sacrificar seus fins egoísticos e particulares às finalidades comuns do Estado. De outra parte, Maquiavel nota que a forma monárquica não se adapta a povos em que predomine uma grande igualdade social e econômica, como também não é possível instaurar uma república onde impere a desigualdade.

> Em todas as cidades em que é grande a igualdade entre os cidadãos só se pode estabelecer um principado com muita dificuldade; e naquela cidade em que é grande a desigualdade entre os cidadãos, só se pode estabelecer uma república com muita dificuldade.[160]

159. Francesco Ercole, *La Politica di Machiavelli*. Roma: Anonima Romana Editoriale, 1926.

160. *In tutte le città ove è grande equalità di cittadini non vi si può or-*

Maquiavel distinguiu três formas de governo republicano: a primeira, aristocrática, na qual uma maioria de governados se encontra diante de uma minoria de governantes, tal como na república de Esparta; a segunda, democrática em sentido restrito, em que uma minoria de governados se acha diante de uma maioria de governantes, como na república de Atenas; e a terceira, democrática em sentido lato ou universal, na qual existe uma coletividade política que se governa de todo por si mesma, isto é, na qual o Estado se confunde praticamente com o governo. Exemplo: a república romana depois da instituição do tribunado e da admissão do povo à magistratura. A oligarquia e a demagogia seriam, conforme, aliás, a tradição aristotélica, formas corrompidas respectivamente da aristocracia e da democracia.

Entretanto, para o realista Maquiavel, a forma perfeita de governo republicano é a república mista, isto é, aquela que apresenta simultaneamente, numa combinação harmoniosa, características monárquicas, aristocráticas e populares. Observa ele que o governo de um príncipe (ou a monarquia) facilmente se torna tirânico; que o governo de uma aristocracia (ou dos *ottimati*) degenera em oligarquia

dinar principato, se non con massima difficoltà; ed in quella città ove è grande inequalità di cittadini non vi si può ordinar repubblica, se non con massima difficoltà. Nicolau Maquiavel, *Discorso sopra il riformare lo stato di Firenze*.

e que o governo popular se converte sem dificuldade em licencioso ou demagógico.

> De tal modo que se um fundador de uma república introduz numa cidade um daqueles três regimes, estabelece-o por pouco tempo porque nenhum recurso pode evitar que ele tenda a seu contrário, por causa da semelhança que, nesse caso, existe entre vício e *virtù*.[161]

Maquiavel louva Licurgo precisamente por ter sabido equilibrar na constituição que deu a Esparta os direitos do rei, dos nobres e do povo, conseguindo assim que aquele Estado durasse mais de oitocentos anos; ao contrário, Solon, por ter dado ao governo de Atenas um caráter exclusivamente popular, condenou a república a uma vida breve e a uma luta constante para reprimir a insolência dos poderosos e os abusos do povo:

161. *Talmente che se uno ordinatore di repubblica ordina in una città uno di quelli tre Stati, ve lo ordina per poco tempo, perchè nessuno rimedio può farvi a fare che non sdrucioli nel suo contrario per la similitudine che ha in questo caso la virtù ed il vizio.* Nicolau Maquiavel, *Discursos*, l. 1, c. II.

Porque não mesclou o poder do Principado ao poder dos Optimates, Atenas, em comparação à Esparta, viveu pouquíssimo tempo.[162]

No caso de Roma, a república só alcançou plena estabilidade política depois que, ao Consulado e ao Senado – que encarnavam as virtudes do principado e dos optimates –, foi acrescentada a instituição dos tribunos da plebe, que veio possibilitar a participação popular no governo republicano. Considerava Maquiavel que fora graças ao choque entre a plebe e o Senado romano que Roma se tornara livre e poderosa; acreditava ele na fecundidade dos regimes livres, afirmando que as lutas políticas, embora criem por vezes tumultos na sociedade, são índices de vitalidade, pois delas resultam vitórias para a liberdade. Em toda república, escreve Maquiavel, há duas tendências diversas (*due umori diversi*), a do povo e a dos poderosos (nobres e ricos), e todas as leis que se fazem em favor da liberdade, nascem de um conflito entre os dois grupos. Os tumultos verificados na república romana não foram nocivos ao bem comum, mas resultaram antes em benefício da liberdade pública:

162. *Perchè la non le mescolò con la potenzia del Principado e con quella degli Ottimati, visse Atene a rispetto di Sparta brevissimo tempo.* Nicolau Maquiavel, *Discursos*, l. 1, c. 11.

[...] todas as cidades devem dispor de meios para desafogar a ambição popular, sobretudo as cidades que, nos momentos decisivos, queiram contar com o povo. Os desejos dos povos livres são raramente perniciosos à liberdade porque ou nascem do fato de serem oprimidos, ou da suspeita de virem a ser oprimidos.[163]

Maquiavel julgava, em suma, que o melhor governo seria aquele em que, graças a um regime misto, o poder estatal fosse distribuído entre uma maioria democrática, uma minoria aristocrática e um órgão, individual ou colegial, que representasse a autoridade monárquica, cada órgão constitucional mantendo sua autonomia e dividindo entre si o exercício da autoridade do Estado.

No seu *Discurso sobre a reforma do estado de Florença*,[164] escrito a pedido de Leão X, Maquiavel propôs para Florença a instituição de um governo vitalício de 65 cidadãos, entre os quais seria escolhido o *gonfaloneiro* perpétuo ou temporário, de um senado vitalício composto de duzentos membros, também chamado o conselho dos escolhidos, e de um grande conselho popular, integrado por mil ou pelo menos seiscentos cidadãos. E justificando a conveniência de uma participação popular no governo

163. Nicolau Maquiavel, *Discursos*, l. I, c. IV.

164. *Discorso sopra il Riformare lo Stato di Firenze*.

florentino, Maquiavel advertia: "sem satisfazer o povo, jamais se fez uma república estável".[165]

A confiança que Maquiavel depositava nas virtudes do governo popular transparece bem clara nas páginas dos *Discursos*, onde se encontra mesmo um capítulo – o capítulo LVIII – todo dedicado ao desenvolvimento da ideia de que "a multidão é mais sábia e mais constante do que um príncipe". Os erros que, em geral, se atribuem ao povo, observa ele, são erros de que se podem acusar todos os homens, e, particularmente, os príncipes, "porque todo aquele que não é regido pelas leis cometeria os mesmos erros que a multidão desenfreada".[166] E ainda: "um príncipe não contido pela lei será mais ingrato, volúvel e imprudente do que o povo".[167] Maquiavel considera o povo mais estável, mais prudente e de melhor juízo do que um príncipe, e lembra que, não sem razão, se diz ser a voz do povo a voz de Deus. "Os governos do povo são melhores do que os governos dos príncipes",[168] conclui Maquiavel,

165. [...] *senza satisfare all'universale, non si fece mai alcuna repubblica stabile.*

166. [...] *perche ciascuno che non sia regolato dalle leggi farebbe quelli medesimi errori che la moltitudine sciolta.*

167. [...] *uno principe sciolto dalle leggi sarà ingrato, vario e imprudente più che uno popolo.*

168. *Sono migliori governi quegli de'popoli che quegli de'principi* [...]

advertindo, porém, que os príncipes são superiores aos povos na organização do Estado e no estabelecimento de novas instituições, enquanto os povos lhes são superiores na manutenção da ordem estabelecida. O importante, porém, acrescenta Maquiavel, é que, trate-se de república ou de principado, estejam os governantes submetidos a leis, pois

> [...] um príncipe que pode fazer o que quiser é louco; um povo que pode fazer o que quiser não é sábio.[169]

Maquiavel observa ainda que a crueldade da multidão se volta contra os que, a seu ver, ameaçam o bem comum, ao passo que a crueldade dos príncipes é dirigida contra os que ameaçam o seu próprio bem. E acrescenta:

> [...] mas a opinião desfavorável aos povos nasce dos povos porque dos povos todos falam mal à vontade e sem temor, mesmo quando eles reinam; dos príncipes se fala sempre com mil receios e mil deferências.[170]

169. [...] *uno principe che può fare ciò ch'ei vuole è pazzo; uno popoli che può fare ciò che vuole non è savio.*

170. [...] *ma la opinione contro ai popoli nasce perchè de' popoli ciascuno dice male senza paura e liberamente ancora mentre che regnano; de' principi si parla sempre con mille paure e mille rispetti.*

Esse capítulo dos *Discursos* não deixa dúvidas quanto à convicção de Maquiavel de que a participação popular é o fator decisivo da vida e força de um Estado, e de que a função do soberano, seja a de organizar um Estado, seja a de reformar uma sociedade corrupta, corresponde apenas a um momento determinado na trajetória política de um povo. Essa participação popular, no entanto, não deve ser confundida, de modo algum, com a participação do povo num regime democrático. Maquiavel, de fato, considerava a grande maioria dos homens desprovida daquela *virtù* ativa sobre a qual repousava a grandeza dos Estados. Por maior que fosse a importância que ele atribuía ao povo como instrumento de governo, por mais sincera que fosse sua convicção republicana, não se divorciou ele um só momento do pessimismo fundamental com que encarava a natureza humana, e que o fazia confiar apenas na *virtù* do homem de Estado excepcional, em cujas mãos, segundo notou Villari, o povo era como uma argila maleável nas mãos do escultor.

O republicanismo de Maquiavel há de ser, portanto, compreendido em sentido limitado, como adiante veremos ao examinar o seu conceito de liberdade, que tão nitidamente se distingue do moderno conceito de liberdade individual. Fosse numa monarquia, fosse numa república, o que realmente importava para Maquiavel era a consagração de todos os membros da comunidade ao bem do Estado. ✳ ✳ ✳

CAPÍTULO DÉCIMO SEGUNDO

Os críticos de Maquiavel assinalam com razão que um dos fatores que torna difícil a compreensão perfeita de seu pensamento político consiste na ambiguidade e imprecisão de sua terminologia de direito público – a começar pela significação dos vocábulos *stato*[171] e *libertà*,[172] que ocorrem com tanta frequência na sua obra, e que exprimem conceitos tão fundamentais no conjunto de suas ideias políticas.

Francesco Ercole considera que Maquiavel não emprega a palavra *stato* na accepção política e jurídica moderna de uma coletividade politicamente organizada na sua essência subjetiva e soberana.[173] Embora reconheça que o emprego da palavra *stato*, por parte de Maquiavel e dos escritores italianos da Renascença, representa um passo notável no sentido de fixar o sentido moderno da mesma, acha Ercole que este significado está longe de ter sido alcançado, seja na obra do secretário florentino, seja na de seus contemporâneos.

---

171. Estado.
172. Liberdade.
173. Ob. cit., p. 66.

Através de uma acurada análise dos textos maquiavélicos, o referido autor destaca as diversas significações em que o termo *stato* é empregado por Maquiavel. A palavra surge frequentemente, observa Ercole, com o significado de forma de governo ou organização dos poderes públicos, assim por exemplo:

> [...] alguns que escreveram sobre as repúblicas dizem haver nelas um dos três regimes, denominados por eles Principado, Optimates, e Populares [...][174]

Ou ainda:

> [...] depois da mudança de regime, de república para tirania ou de tirania para república, se faz necessária uma execução memorável contra os inimigos do regime estabelecido [...][175]

Outras vezes, o sentido do termo é o de autoridade ou poder que, nas relações internas de uma cidade, exercem efetivamente um indivíduo, uma família, ou uma facção, ainda quando não ocupem qualquer cargo público. Perder o *stato*

174. [...] *alcuni che hanno scrito delle repubbliche, dicono essere in quelle uno dei tre Stati chiamati da loro Principato, Ottimati e Popolari* [...]. Nicolau Maquiavel, *Discursos*, l. I, c. II.

175. [...] *dopo una mutazione di stato, da repubblica in tirannide, e da tirannide in repubblica, è necessaria una esecuzione memorabile, contro i nemici delle istituzioni presenti* [...]. Nicolau Maquiavel, *Discursos*, l. III, c. III.

significa, em certas passagens, deixar de exercer autoridade ou poder efetivo, apesar de se continuar no desempenho de uma função oficial. Assim, por exemplo, o conde Guido Novello percebe certo dia "ter perdido o poder",[176] embora oficialmente continuasse a ocupar o seu cargo. De outro lado, os Medici gozavam de uma grande autoridade em Florença, não obstante não desempenharem qualquer função oficial de governo, o que não impediu Maquiavel de referir-se ao *stato* da casa dos Medici: "por isso as discórdias civis em Florença sempre lhes aumentaram o poder..."[177]

Significa também o termo *stato* ora a organização jurídica sob um poder soberano, ora um povo que vive num determinado território, ou seja: o governo e o país. Aquilo que Maquiavel chama subjetivamente de *stato* – ensina Ercole – é sempre o governo de um ente coletivo; no sentido objetivo, o vocábulo designa um complexo demográfico-territorial, isto é, um país.[178]

Ercole considera que o conceito de Estado, na accepção jurídica e filosófica moderna, se acha na obra de Maquiavel de modo antes implícito do que explícito e que para designá-lo ele não emprega à palavra *stato* nem outra qualquer denominação específica e técnica. Entre as várias

176. [...] *di aver perduto lo stato* [...].

177. [...] *perciò sempre le civili discordie gli accrebbero in Firenze lo Stato* [...]. Nicolau Maquiavel, *Storie Fiorentine*, l. I, c. VII.

178. Ob. cit., p. 86-87.

expressões empregadas por Maquiavel para indicar sua ideia de Estado, tais como o "viver civil, o viver comum, o viver político e o viver livre",[179] Ercole pensa que a primeira delas é a que mais se aproxima do conceito moderno de Estado, exprimindo melhor do que qualquer outra a concepção que tinha Maquiavel do Estado como a organização política soberana de uma coletividade social.[180]

O *viver civil* de Maquiavel – ou o Estado, como diríamos hoje – existe na medida em que não dependa de qualquer vontade estranha, na medida em que seja soberano. O estado maquiavélico não aceita nenhuma autoridade externa que imponha limites à sua ação, como também não admite, internamente, a existência de qualquer grupo que pretenda se contrapor ou escapar a seu poder soberano. Segundo Ercole, o elemento que confere um sentido ético ao Estado maquiavélico – investido de uma soberania absoluta e ilimitada – é o seu conceito de pátria, "uma vívida realidade histórica e psicológica coletiva",[181] à qual todos os indivíduos e grupos sociais devem estar subordinados, a tal ponto que Maquiavel, em carta a Francisco Vettori, afirmava: "eu amo a pátria mais do que a [minha] alma..."[182]

179. [...] *vivere civile, vivere comune, vivere político e vivere libero* [...].

180. Ob. cit., p. 96.

181. [...] *una vivente realtà storica e psicologica collettiva* [...].

182. [...] *io amo la patria più dell'anima* [...].

Diante de semelhante conceito de Estado, não será difícil compreender quão distante se acha o conceito maquiavélico de liberdade da moderna noção de liberdade individual. De fato, se na obra de Maquiavel se acha presente a ideia de cidadão, não se encontra ainda nela, como é historicamente compreensível, o conceito do homem como um ser dotado de direitos invioláveis diante do Estado. A palavra liberdade se confunde em Maquiavel com "lei" e "ordem": não significa, em suma, o direito de colocar-se o indivíduo contra ou fora do Estado, desde que não prejudique a outrem, mas se identifica antes com a lei que impõe a todos os indivíduos a limitação dos próprios desejos em favor do interesse geral, contra o qual não prevalece qualquer interesse particular.

Liberdade significa, também, para Maquiavel, independência ou soberania, constituindo nesse sentido uma condição essencial de vida para o Estado. Distingue ele, ademais, a liberdade civil da liberdade política, considerando que esta, pelo fato de implicar a participação direta dos cidadãos no governo, só se acha plenamente garantida no regime republicano. Mas, acrescenta Maquiavel, a maioria dos indivíduos não se interessa, na verdade, pela liberdade política, isto é, pelo direito de influir diretamente na gestão da coisa pública, satisfazendo-se apenas em gozar da proteção legal da liberdade civil, que lhes garanta a vida, a propriedade e a honra. Apenas um pequeno número aspira a ser livre para exercer ação política; todos os demais desejam a liberdade tão somente na medida em que esta é sinônimo de segurança pessoal. Por isso, conclui Maquiavel,

> [...] os homens quando são bem governados não procuram nem querem mais liberdade.[183]

Ou ainda, como escreve n'*O príncipe*:

> [...] toda vez que à totalidade dos homens não se tolha, nem se roube e nem se onere, consegue-se fazer com que vivam contentes restando, apenas, combater a ambição de poucos, que pode, aliás, ser refreada com facilidade, de muitas maneiras.[184]

Villari acentua que há, no pensamento de Maquiavel, um esforço gigantesco para determinar o conceito da unidade do Estado, acrescentando:

> [...] ele certamente não o consegue determinar cientificamente; não chega a proclamar que todos os súditos devem ser cidadãos e iguais perante a lei, participando todos, direta ou indiretamente, do governo do Estado. Mas para isto será preciso aguar-

---

183. [...] *gli uomini quando sono governati bene, non cercano ne vogliono altra libertà.* Nicolau Maquiavel, *Discursos,* l. III, c. V.

184. [...] *qualunque volta alla universalità delli uomini non si toglie nè roba nè onere, vivono contenti, e solo si ha a combattere con la ambizione di pochi, la quale in molti modi e con facilità si raffrena.* Nicolau Maquiavel, *O príncipe,* c. XIX.

dar o século XVIII e a Revolução francesa. Maquiavel põe de lado e repele o feudalismo, as milícias mercenárias, o poder político das corporações maiores e menores, o domínio temporal dos papas e a sua ingerência no Estado, do qual ele procura a unidade, a independência e a força.[185]

Em oposição ao pensamento medieval, Maquiavel concebeu o Estado como uma entidade política secular, dotada de fins próprios, moralmente isolada e soberana, desprovida de qualquer laço de subordinação a Deus, ao direito natural ou à Igreja, e que encontra a sua razão de ser tão somente na convicção dos homens de que a autoridade estatal é indispensável para garantir a segurança individual. O Estado existe para proteger cada indivíduo contra a violência e, ao mesmo tempo, para defender a coletividade contra ataques que poderão advir de seus inimigos externos; rodeado como se acha de inimigos atuais ou virtuais, deve o Estado precaver-se, fortalecendo-se adequadamente, pois sua segurança e sobrevivência repousam fundamentalmente na força. A capacidade de um Estado de defender-se depende também da popularidade do governo, que será tanto maior quanto maior for o sentimento de segurança que conseguir transmitir a seus cidadãos.

185. Ob. cit., v. II, p. 310-311.

Grande fator positivo na exaltação do patriotismo, na criação das virtudes cívicas indispensáveis à vida e defesa do Estado, é a religião, pois as sanções divinas, os ritos e os sacrifícios religiosos contribuem para fortalecer o devotamento do povo à causa pública.

Há em todo Estado, porém, uma tendência inevitável à corrupção; esta se verifica quando um povo deixa de possuir o que Maquiavel chama "a disposição para a vida livre",[186] isto é, quando se torna deficiente o "senso de solidariedade"[187] ou de comunidade de interesses e objetivos entre governantes e governados, determinando o predomínio, na consciência política de uns e outros, dos interesses egoísticos e particularistas sobre os interesses públicos e coletivos. São corruptos os Estados em que "as ordens e as leis são feitas visando não a utilidade pública, mas seu próprio interesse"[188] e nos quais "as guerras, a paz e as alianças são decididas não para a glória comum, mas para a satisfação de poucos..."[189]

186. [...] *l'attitudine alla vita libera* [...].

187. [...] *senso di solidarietà* [...].

188. [...] *gli ordini e le leggi non per pubblica, ma per propria utilità si fanino* [...].

189. [...] *le guerre, le paci e le amicizie non per gloria comune, ma per soddisfazione di pochi si deliberano* [...].

A corrupção política resulta, segundo Maquiavel, do fato de ser o Estado um organismo que, como os demais organismos físicos e naturais, se corrompe inevitavelmente com o passar do tempo. Maquiavel considera, aliás, todas as coisas do mundo como processos orgânicos, comparáveis ao corpo humano, e que possuem um princípio de vida, um desenvolvimento e um fim, com suas enfermidades e crises. O principal sintoma de que o Estado alcançou sua fase fatal de esgotamento está na decadência dos "bons costumes",[190] sem os quais não há sociedade política que sobreviva como um organismo livre e sadio.

Pesando sobre todo Estado essa fatalidade de uma decadência orgânica, é necessário que, de tempos em tempos, sofra ele um processo de rejuvenescimento e purificação de seus usos, costumes e instituições. Maquiavel chama de "recondução do regime ao seu princípio ou de o voltar ao objetivo"[191] essa reconquista pelo Estado de sua vitalidade e saúde originárias, graças à qual ele se renova e readquire sua antiga *virtù*, restaurando a pureza dos princípios sobre os quais se fundou. O que se aplica tanto às repúblicas quanto às religiões, acrescenta Maquiavel, lembrando que, não fora a obra de renovação empreendida

190. [...] *buoni costumi* [...].

191. [...] *riduzione dello stato verso il suo principio* ou de *il ritornare al segno* [...].

por São Francisco e São Domingos, a religião católica já estaria extinta. Não há nada mais necessário a uma comunidade, seja uma religião, reino ou república, do que recuperar aquela reputação que tinha nas suas origens.[192]

Essa "recondução para o princípio",[193] no caso de uma república, diz Maquiavel, ou se processa por "acidente extrínseco" ou por "prudência intrínseca", isto é: ou o Estado se renova sob a pressão de uma ameaça externa, que lhe impõe uma crise de consequências por vezes imprevisíveis, ou encontra em si mesmo forças ainda suficientemente sãs para reagir contra a decadência e recuperar o vigor primitivo, seja graças à capacidade das próprias instituições de se renovarem, seja devido à ação exemplar de um reformador oportuno ou, para usar as palavras textuais de Maquiavel:

> Por uma lei que reveja e corrija o modo como os homens estão naquele corpo [político]; ou, de fato, por meio de um homem bom que nasça entre eles e que, com seu exemplo e com suas obras virtuosas, tenha o mesmo efeito das leis. [194]

---

192. *Ver* Nicolau Maquiavel, *Discursos*, l. III, c. I.

193. [...] *riduzione verso il principio* [...].

194. *Da una legge, la quale spesso rivegga el como agli uomini che sono in quel corpo; o veramente da uno uomo buono che nasca fra loro, il*

Semelhante processo de renovação, acrescenta Maquiavel, exige muitas vezes que se apliquem meios drásticos, como a execução dos indivíduos mais diretamenie ligados à corrupção do Estado, para que a punição sirva de exemplo aos demais membros da comunidade. De dez em dez anos, seria conveniente realizar algumas execuções memoráveis, porque,

> [...] passado esse tempo os homens começam a mudar os costumes e a transgredir as leis, e se não surge nada que lhes relembre a pena e lhes renove nos ânimos o medo, surgem tantos delinquentes que acaba ficando arriscado puni-los.[195]

Se, no plano interno, o Estado se acha ameaçado pela corrupção que acarreta inevitavelmente a destruição das liberdades públicas, no plano externo pesa sobre ele a

quale con i suoi esempli e con le sue opere virtuose faccia il medesimo effetto che l'ordine.

195. [...] *passato questo tempo, gli uomini cominciano a variari i costumi e trapassare le leggi; e se non nasce cosa per la quale si riduca loro a memoria la pena, e rinnuovisi negli animi la paura, concorrono tosto tanti delinquenti che non si possono più punire senza periculo.* Nicolau Maquiavel, *Discursos*, l. III, c. I.

ameaça constante do expansionismo agressivo dos demais Estados, o qual põe em perigo sua independência, vale dizer, sua própria existência. De olhos fitos na realidade de uma época conturbada e instável como o Renascimento, Maquiavel concluiu que, segundo "a verdade efetiva da coisa",[196] a lei reguladora das relações entre os Estados é a luta, a competição, o choque de interesses e ambições rivais, de tal modo que cada Estado deve estar sempre adequadamente preparado para defender-se da absorção ou aniquilamento por parte de seus vizinhos. Ser-lhe-á inútil pretender isolar-se, manter-se alheio ao jogo político, renunciar a objetivos de engrandecimento e conquista, na esperança de viver em paz dentro de suas fronteiras: será fatalmente arrastado, mais cedo ou mais tarde, a participar da competição pelo poder, pois seus propósitos de paz não serão necessariamente respeitados pela cupidez e agressividade de outros Estados menos pacíficos. Se não se armar para enfrentar a eventualidade de um ataque a seus domínios, estará abdicando do próprio direito de existir.

> [...] é impossível que uma república consiga permanecer em paz e gozar de sua liberdade e de seu parco território pois, se não molestar os outros, será molestada, e ao ser molestada verá nascer nela a vontade e a necessidade da conquista.[197]

196. [...] *la verità effettuale della cosa* [...].

197. [...] *è impossibile che ad una repubblica riesca lo stare quieta e go-*

Um dos indícios mais seguros da "orgânica vitalidade" de um Estado é a sua capacidade de resistência à ameaça externa – uma resistência que, para Maquiavel, não consiste apenas em poder defender-se, mas também em estar em condições de atacar, caso isto se torne necessário à sua segurança. Distingue ele, nesse ponto, duas categorias de Estados: conservadores e expansionistas ou, em suas palavras, Estados "voltados para a expansão"[198] e Estados "voltados para a manutenção",[199] isto é, Estados que colocam a expansão de seu poder como a razão de ser da própria vida e diretriz central de sua política exterior; e Estados interessados apenas na manutenção do *status quo* territorial e político.

Da maior importância para o Estado é organizar-se internamente em função dos objetivos de sua política externa; caso não o faça, pretendendo agir externamente sem levar em conta a aptidão de sua organização interna, estará se expondo à ruína. Desde que fixe como seu objetivo uma política imperialista ou expansionista, é indispensá-

---

dersi la, sua libertà e gli pochi confini: perche se lei non molesterà altrui sarà molestata ella: e dallo essere molestata le nascerà la voglia e la necessità dello acquistare. Nicolau Maquiavel, *Discursos*, l. II, c. XIX.

198. [...] *indirizzati per la via del ampliare* [...].

199. [...] *indirizzati per la via del mantenere* [...].

vel que o Estado esteja "organizado para a conquista",[200] do mesmo modo pelo qual, na hipótese de uma política de preservação do *status quo*, esteja "ordenado para se manter sem se expandir".[201]

O que distingue as duas organizações políticas – a de finalidade conservadora e a de finalidade expansionista – é que a segunda deve estar submetida a um processo permanente de fortalecimento, em termos de homens e armamentos, ao passo que a primeira não necessita dispor de um nível tão alto de poder bélico. De outro lado, um estado voltado para uma política de expansão não deve criar obstáculos de natureza aristocrática a uma maior participação das camadas populares no governo; é, ao contrário, de interesse vital para ele ampliar cada vez mais sua base popular, isto é, o número de cidadãos ativos, realmente interessados na sua defesa e expansão, pois disso dependerão sua força e vitalidade. Se Esparta, entre os antigos, e Veneza, entre os modernos, conseguiram sobreviver excluindo as classes populares da direção da coisa pública, isto foi devido, entre outras razões, ao fato de seguirem ambas uma política de manutenção do *status quo* e não de

200. [...] *ordinato ad acquistare* [...]. Nicolau Maquiavel, *Discursos*, l. I, c. VI.

201. [...] *ordinato a mantenersi non ampliando*. Nicolau Maquiavel, *Discursos*, l. I, c.VI.

expansão. No dia em que as circunstâncias históricas as obrigaram a se entregar a uma política de conquista, sem terem tido antes o cuidado de alargar a base popular de seus governos, se viram arruinadas.

Portanto, se quiseres tornar um povo numeroso e armado, para poder fazer um grande império, faça-o de modo que tu não possa manipulá-lo demasiadamente à tua maneira. Se mantiveres o povo apequenado e desarmado para que possas dominá-lo e se esse povo obtiver o poder, não poderá mantê-lo, ou se tornará tão covarde que tu serás presa de qualquer um que te assaltar.[202]

Seja na consecução de objetivos expansionistas, seja simplesmente para manter o *status quo*, não pode o Estado prescindir de uma força armada, adequada à natureza de sua política exterior. Maquiavel considera que as *boas armas*[203] constituem, ao lado das *boas leis*,[204] os funda-

202. *Pertanto, se tu vuoi fare un popolo numeroso e armato, per poter fare un grande imperio, lo fai di qualità che tu non lo puoi troppo maneggiare a tuo modo: se tu lo mantieni piccolo e disarmato per poter maneggiario, se egli acquista dominio non lo puo tenere, o diventa si vile che tu sei preda di qualunque ti assalta.* Nicolau Maquiavel, *Discursos*, l. I, c. VI.

203. [...] *buone armi* [...].

204. [...] *buone leggi* [...].

mentos do Estado. Para que possa perfazer eficientemente sua missão – a de garantir a integridade do Estado – deve o exército possuir uma *virtù* própria, sem a qual se tornará um instrumento nocivo de fraqueza e corrupção. Uma *virtù* que depende da existência de uma boa organização, pois não há bons soldados sem boa organização, como não há boa organização com maus soldados. Três são, segundo Maquiavel, as espécies de exércitos: a primeira é aquela em que as virtudes militares coexistem com uma boa organização, isto é, em que há "furor e ordem",[205] bravura e disciplina, de tal modo que "da ordem nasce o furor e a *virtù*, como aquela dos romanos [...]";[206] a segunda espécie se caracteriza pela presença de *furore* desacompanhado de *ordine*, como acontecia com os franceses, que não combatiam bem "porque não conseguindo logo no primeiro ataque vencer, e não sendo aquele furor mantido por uma *virtù* militar ordenada [...] assim que ele se esfria [os soldados] desertam [...]";[207] e finalmente, a terceira espécie se define pela ausência de bravura e de disciplina, de "furor

205. [...] *furore ed ordine* [...].

206. [...] *dall'ordine nasce il furore e la virtù, come era quello dei Romani* [...].

207. [...] *perche non riusendo logo nel primo impeto vincere, e non essendo sostenuta da una virtù ordinata quel loro furore... come quello era raffreddo, mancano* [...].

natural"[208] e de "ordem acidental",[209] como são, conclui melancolicamente Maquiavel, os nossos exércitos italianos, "os quais são totalmente inúteis, e se não combatem contra um exército que por algum acidente fuja, não vencerão nunca [...]" [210]

Um Estado bem organizado e forte será aquele que, ao lado de uma boa organização civil, política e religiosa, capaz de elevar a alto nível o espírito público de seus cidadãos, disponha também de uma boa organização militar, pois só é verdadeiramente livre o Estado que disponha de meios aptos a garantir a própria liberdade. A segurança do Estado exige que o exército lhe pertença, isto é, que seja integrado pelos seus próprios cidadãos mediante recrutamento, e não por mercenários aventureiros, "desunidos, ambiciosos, sem disciplina, infiéis".[211] Maquiavel defendeu não somente a ideia do recrutamento popular em tempo de guerra, mas também o treinamento militar em tempo de paz, pois considerava o exército a força permanente do Estado. Tanto n'*O príncipe* como nos *Discursos*,

208. [...] *furor naturale* [...].

209. [...] *ordine accidentale* [...].

210. [...] *i quali sono altutto inutili, e, se non s'abbattano ad un esercito che per qualche accidente si fugga, mai non vinceranno* [...]. Nicolau Maquiavel, *Discursos*, l. III, c. XXXVI.

211. [...] *disunite, ambiziose, senza disciplina, infedele.*

mas particularmente na sua *Arte da guerra*, expôs ele suas convicções militares, que tinham por eixo a necessidade de se constituir um exército popular para defender a liberdade e a independência, descendo a detalhes de organização que incluíam até mesmo dispositivos de batalha e modelos de alojamento para a tropa.

CAPÍTULO DÉCIMO TERCEIRO

✳

O s *Discorsi sopra la Prima Deca di Tito Livio* se
acham dominados pela admiração, típica, aliás, de
toda a Renascença, que Maquiavel consagrou durante toda sua vida à república romana: à *virtù* de seus fundadores
e legisladores, à força cívico-educativa de sua religião, à
sua sabedoria política em tratar os povos submetidos ao
seu império, à sua organização e virtudes militares e ao
fervor patriótico de seus cidadãos – qualidades que o secretário florentino apontava como a histórica constelação
de valores, capaz de orientar seus contemporâneos na recuperação da antiga grandeza.

De olhos sempre fitos no exemplo de Roma, Maquiavel estabelece como axioma fundamental de seu pensamento a presença, à origem de todo Estado, de uma figura
de "fundador" [212] ou "organizador",[213] ao qual incumbe a
missão de dar *forma* à *matéria* que o povo representa:

> Deve-se tomar como regra geral que nunca, ou raramente,
> ocorre que uma república ou um reino sejam, em princípio,

212. [...] *fondatore* [...].
213. [...] *ordinatore* [...].

ordenados, ou totalmente reformados, fora das velhas ordenações, a não ser que seja por um único homem; aliás, é necessário que seja um só aquele que determina e de cuja mente saia a ordenação a ser cumprida. [214]

Para Maquiavel, o fundador de um Estado, concentrando em suas mãos o poder absoluto, se coloca diante da coletividade como o intérprete de suas aspirações e do seu destino. O povo é uma matéria que aguarda a *sua* forma, e não uma forma qualquer imposta pelo arbítrio do fundador. A este realmente cabe encontrar, com intuição genial, qual deva ser essa *forma*, de tal modo que é, na verdade, o povo que, através da intuição do fundador, descobre a própria forma política que deverá regê-lo. Maquiavel não considera, portanto, esclarece Ercole, a formação histórica de um Estado um produto arbitrário da vontade individual e criadora do fundador.

214. *Debbesi pigliare questo per una regola generale, che mai o rado occorre che alcuna repubblica o regno sia da principio ordinato bene, o al tutto di nuova fuora degli ordini vecchi riformato, se non è ordinato da uno; anzi è necessario che uno solo sia quello che dia il modo e dalla cui mente depende qualunque simile ordinazione.* Nicolau Maquiavel, *Discursos*, l. I, c. IX.

O estado é um organismo já em seu início, aliás, nasce como organismo, e seu fundador é apenas a mente ou a vontade ordenadora. A "virtù" ordenadora do fundador é já, em substância, a *virtù* do viver civil, o seu desenvolvimento futuro depende do vigor e da intensidade daquela *virtù*.[215]

Essa *virtù* ordenadora, frisa Maquiavel, possuiu-a em alto grau Rômulo, que lançou as bases da organização político-militar de Roma, agindo sempre, frisa ele, "para o bem comum, e não para sua própria ambição",[216] inclusive ao assassinar o próprio irmão e ao permitir que fosse morto seu companheiro Tito Tazio. Atos que lhe não devem ser censurados em vista dos efeitos benéficos que produziram:

[...] jamais um espírito sábio reprenderá alguém por ter recorrido a uma ação extraordinária a fim de organizar um reino ou constituir uma república. É conveniente, sem dúvida, que acusando o

215. *Lo stato è un organismo già al suo inizio; anzi nasce come organismo: e il fondatore non è che la mente o la volontà ordinatrice. La virtù ordinatrice del fondatore è già, in sostanza, la virtù del vivere civile, il suo sviluppo futuro dipende da la vigore e dalla intensità di quella.* Ob. cit., p. 168.

216. [...] *per il bene comune e non per ambizione propria* [...].

fato, o efeito o desculpe; e quando este for tão bom como no caso de Rômulo, sempre o desculpará [...][217]

Mais uma vez se afirma aí a convicção de Maquiavel de que o que verdadeiramente importa é que o príncipe ou o chefe de uma república seja capaz de empregar os meios necessários para consolidar e preservar o próprio poder. Quem se propõe governar um povo, seja através de um governo monárquico, seja através de um regime republicano, e não toma todas as precauções para neutralizar os inimigos da nova ordem, não governará muito tempo, adverte ele, ou, nas suas palavras, "criará um estado de pouca vida".[218] Julga Maquiavel infelizes os príncipes que para assegurarem o seu Estado são obrigados a empregar meios extraordinários, tendo por inimiga a multidão, porque aquele que tem poucos inimigos facilmente e sem grande escândalo deles se livra; mas quem tem por inimigo o povo, não está jamais seguro; e quanto mais crueldade emprega, tão mais fraco se torna seu principado. De modo que, adverte Maquiavel,

217. [...] *ne mai uno ingegno savio riprenderà alcuno di alcuna azione straordinaria che per ordinare un regno o costituire una repubblica usasse. Conviene bene che accusandolo il fatto, lo effetto lo scusi; e quando sia buono come quello di Romolo, sempre lo scuserà* [...]. Nicolau Maquiavel, *Discursos,* l. I, c. IX.

218. [...] *fa uno stato di poca vita.*

o melhor remédio que há é procurar tornar o povo amigo. Quando se trata, porém, de governar uma cidade tomada pela corrupção, adverte Maquiavel, meios extraordinários são indispensáveis, pois em tal caso as leis e as instituições já não bastam para frear a decadência geral. Porque

> [...] assim como os bons costumes para se manter têm necessidade das leis, estas para serem observadas têm necessidades dos bons costumes.[219]

Do mesmo modo, um príncipe que se apodera de uma cidade ou de uma província, com o intuito de governá-la despoticamente, deverá, para garantir sua permanência no poder, estabelecer condições inteiramente novas, sem qualquer contemplação ou escrúpulo: nas cidades estabelecer novos governos, com novos nomes, novas autoridades, novos homens; fazer os ricos pobres e os pobres ricos, edificar novas cidades e destruir as existentes, transferir os habitantes de uma região para outra, nada deixando intacto, de modo que não haja nem posição nem instituição, nem situação, nem riqueza que quem a possua não a deva ao príncipe. E Maquiavel acrescenta:

219. Nicolau Maquiavel, *Discursos*, l. I, c. XVIII.

[...] são esses modos crudelíssimos e inimigos de qualquer vida não somente cristã, mas humana, e todo homem deve evitá-los e preferir viver como privado a ser culpado de tanta ruína dos homens. Todavia, aquele que não quiser seguir a via do bem, escolhendo se manter [no poder], precisa praticar o mal.[220]

O texto acima não deixa dúvidas quanto à convicção de Maquiavel de que a natureza da política é fundamental e irremissivelmente ambivalente, um misto de espírito e de natureza, de razão e de instinto, "meio fera, meio homem",[221] de tal modo que ele não concebe que alguém pretenda entregar-se à atividade política sem estar disposto a empregar todos os meios, ainda que sejam meios julgados moralmente maus, desde que necessários ao sucesso político. Quem preferir não transigir com o mal, quem não quiser lançar mão de processos cruéis, violentos ou simplesmente escusos para vencer politicamente, será melhor que permaneça fora do campo político, e se consagre apenas à sua vida pri-

220. [...] *sono questi modi crudelissimi e nimici d'ogni vivere non solamente cristiano ma umano, e debbegli qualunque uomo fuggire, e volere piuttosto vivere privato che re con tanta rovina degli uomini. Nondimeno colui che non vuole pigliare quella prima via del bene, quando si voglia mantenere conviene che entri in questo male.* Nicolau Maquiavel, *Discursos*, l. I, c. XXVI.

221. [...] *mezza bestia e mezza uomo* [...]

vada. O que Maquiavel não aceita é o indivíduo que não se decide resolutamente a tomar um dos dois caminhos – a salvação da alma ou o êxito político –, optando por soluções intermediárias que ele reputa de qualquer modo ineficazes.

> [...] os homens tomam certas vias intermediárias, que são da-nosíssimas, porque não sabem ser nem totalmente maus, nem totalmente bons.[222]

Foi o que se deu com o tirano Baglioni, de Perugia, acrescenta Maquiavel, a título de exemplo. Baglioni, apesar de ser um homem desprovido de senso moral a ponto de haver matado o próprio pai e de viver incestuosamente com a irmã, incompreensivelmente não se prevaleceu do fato de o papa Júlio II ter entrado desarmado em sua cidade, para prender e eliminar o pontífice que vinha ostensivamente expulsá-lo de seu domínio. A surpreendente inação do tirano sugeriu a Maquiavel a reflexão de que Baglioni não soubera ou não ousara cometer uma ação que "tivesse de si deixado memória eterna..."[223] Para um homem que vivia integrado na luta política, como o tirano de Peru-

222. [...] *gli uomini pigliano certe vie del mezzo che sono dannosissime; perchè non sanno essere nè tutti cattivi nè tutti buoni* [...]. Nicolau Maquiavel, *Discursos*, l. I, c. XXVI.

223. [...] *avesse da sè lasciato memoria eterna* [...].

gia, nada parecia a Maquiavel mais absurdo do que perder uma ocasião oportuna como aquela para livrar-se de um inimigo e preservar assim o próprio poder.

Não somente preconizou Maquiavel o emprego da força e da violência nas páginas dos *Discursos*, mas também da fraude e do engano, processos que ele considera maus, porém em muitas circunstâncias necessários:

> [...] se bem que a fraude seja, por natureza, sempre detestável, usá-la algumas vezes pode ser necessário e mesmo glorioso como, por exemplo, na guerra. De fato, é tão louvável aquele que vence o inimigo pela fraude, quanto aquele que o supera pela força.[224]

Verifica-se, pois, diante de tais conceitos, que não procede a argumentação dos que quiseram contrapor os *Discursos* a *O príncipe*, pretendendo apresentar aqueles como expressão de um pensamento político de natureza radicalmente diversa da do que Maquiavel manifestou neste último. Os *Discursos* nos revelam, sem dúvida, um

---

224. [...] *sebbene la fraude sia per sua natura sempre detestabile, pure usarla può qualche volta essere necessario, ed anche, come per esempio nella guerra, glorioso. Infatti è parimenti lodato colui che con fraude supera il nimico come quello che lo supera con forza.* Nicolau Maquiavel, *Discursos*, l. III, c. XL.

pensador convencido das excelências do governo popular sempre que as condições de sanidade moral do Estado sejam propícias a um regime de liberdade republicana. Mas não é menos certo que se acha presente neles a mesma filosofia política que serve de fundamento a O príncipe, segundo a qual as ações individuais não são julgadas pelo seu coeficiente intrínseco de moralidade, mas pelo efeito político que produzam face a uma determinada situação de fato.

Após haver analisado a sabedoria política que, a seu ver, presidiu à fundação de Roma – cuja versão legendária ele sem discussão endossa –, Maquiavel acentua que a grandeza histórica e a potência militar dos romanos só foram possíveis porque, depois de um fundador dotado da *virtù* guerreira de Rômulo, a Providência, os céus,[225] como diz o escritor, inspirou o Senado a eleger como seu sucessor Numa Pompílio. Este, para organizar a vida romana, teve a sabedoria de recorrer à religião – "coisa totalmente necessária se quisermos manter a civilidade"[226] –, constituindo-a de tal modo que, durante séculos, nunca houve tanto temor a Deus como naquela república.

225. [...] *i cieli* [...].
226. [...] *cosa al tutto necessaria a volere mantenere una civiltà* [...].

A religião romana contribuiu essencialmente, frisa Maquiavel, para manter, graças ao juramento, a fidelidade à pátria e às instituições, para comandar os exércitos, conservar os homens no caminho do bem e lançar o opróbrio sobre os maus. Por isso, julgou Maquiavel que Roma deveu mais a Numa do que a Rômulo,

> [...] porque onde há religião facilmente se podem introduzir as armas; e onde existem as armas e não a religião, com dificuldade a religião pode ser introduzida.[227]

Uma das razões precípuas da felicidade e grandeza de Roma foi a religião introduzida por Numa, porque ela permitiu que fosse estabelecida uma boa constituição política, além de ter trazido boa fortuna e contribuído para o êxito dos empreendimentos romanos. Nem sempre o chefe de um Estado consegue impor sua autoridade ao povo baseado em fundamentos puramente racionais; toda sociedade necessita apoiar-se em alguns princípios e valores indiscutíveis, suprarracionais, para manter sua coesão interna e assegurar sua própria estabilidade; toda sociedade, em outras palavras, necessita contar com um

227. [...] *perchè dove è religione facilmente si possono introdurre l'armi; e dove sono l'armi e non religione, con difficoltà si può introdurre quella.* Nicolau Maquiavel, *Discursos,* l. I, c. XI.

feixe de mitos, inacessíveis à força desagregadora da crítica racional. Ou, no dizer de Maquiavel, que procuramos interpretar em linguagem moderna:

> E, na verdade, nunca houve nenhum ordenador de leis extraordinárias em um povo que não recorresse a Deus, porque, de outra forma, elas não seriam aceitas; pois são muitos os bens reconhecidos por um [homem] prudente, bens esses que não encerram em si uma razão evidente que os torne convincentes aos outros.[228]

A religião se apresenta, pois, no pensamento de Maquiavel como uma disciplina moral, um fator de educação espiritual e política, uma fonte de civilização – e até aí ele se mantém fiel à tradição medieval –, mas enquanto a Idade Média subordinava a política à religião, o império ao papado, o Estado à Igreja, os valores temporais aos valores espirituais transcendentes, Maquiavel defende uma concepção puramente utilitária e laica da religião, considerando-a um valor instrumental que deve servir aos fins da política. A religião é assim encarada como um

---

228. *E veramente mai fu alcuno ordinatore di leggi straordinarie in un popolo che non ricorresse a Dio, perchè altrimenti non sarebbero accettate; perchè sono molti i beni conosciuti da uno prudente, i quali non hanno in se ragioni evidenti di poterli persuadere a altrui.* Nicolau Maquiavel, *Discursos*, l. I, c. XI.

"instrumento de domínio"[229] de grande eficácia social e política, a ser manejado com astúcia pelo chefe de Estado para manter as instituições e a moralidade pública e assegurar melhor a defesa da pátria. O político inteligente a respeitará sempre, "mesmo que não acredite nela",[230] porque de sua influência sobre o povo só lhe poderão advir vantagens. A religião não constitui, em consequência, um limite à ação do Estado, mas é antes um instrumento desta; vale pela sua eficácia cívico-educativa, para impor o respeito às leis e às instituições, para refrear as paixões individuais e para consagrar, com suas sanções ultraterrenas, os valores e os interesses do Estado.

> Se o Estado maquiavélico não pode prescindir da religião antes *deve ser* religioso, não é porque este tenha, entre seus fins, fins religiosos, ou porque este deva, ainda que seja mediatamente, conduzir seus súditos a uma salvação ultraterrena garantida pela religião, mas porque a religião é um meio indispensável ao Estado para a conservação de sua sanidade íntima.[231]

> A observância do culto divino é causa da grandeza das repúblicas, assim como o seu desprezo é causa da sua ruína. Porque

229. [...] *instrumentum regni* [...].

230. [...] *se pure non ci crede* [...].

231. Ob. cit., p. 259.

onde falta o temor a Deus, é necessário ou que o poder se arruíne ou que seja sustentado pelo temor a um príncipe que supra a falta de religião.[232]

Foi graças ao caráter de sua religião, acentua Maquiavel, uma religião que exaltava a força, a coragem, o heroísmo, o culto da ação, o sacrifício pela pátria e a ambição de glória, que a república romana se manteve livre, unida e incorrupta, ao passo que seu declínio determinou, de um lado, o decréscimo do sentimento religioso, e de outro lado, a divisão da Itália e sua submissão ao estrangeiro. A Igreja católica, acrescenta Maquiavel, através da corrupção de seus representantes, gerou a descrença e a dissolução de costumes na Itália, e devido à sua política impediu a união almejada dos Estados italianos.

> Nós italianos temos, portanto, com a Igreja e com os padres esta primeira dívida: termos nos tornado maus e sem religião. Mas temos ainda uma maior, que é a segunda razão da nossa ruína: o fato da Igreja ter mantido, e manter ainda, esta província [a Itália] dividida.[233]

232. *La osservanza del culto divino è cagione della grandezza delle repubbliche, così il dispregio di quello è cagione della rovina di esse. Perchè dove manca il timore di Dio, conviene o che quel regno rovini o che sia sostenuto dal timore d'uno principe che sopperisca a' defetti della religione.* Nicolau Maquiavel, *Discursos*, l. I, c. XI.

233. *Abbiamo adunque con la Chiesa e con i preti noi italiani questo primo*

Maquiavel julgou a Igreja não somente responsável pela decadência do sentimento religioso, mas também a principal causa que impedia a Itália de seguir o exemplo da França e da Espanha unificando-se numa monarquia, porque o papa não era suficientemente forte para reduzir todos os Estados italianos ao seu domínio, nem de outra parte suficientemente fraco para não poder impedir que aquela unificação viesse a ser realizada em torno de um outro príncipe.

Apóstolo da *virtù* individual – que lhe pareceu plenamente encarnada pelos romanos antigos –, persuadido de que a grandeza do homem reside na sua capacidade de impor o ritmo de sua vontade aos acontecimentos, resistindo à fortuna e criando, de certo modo, o próprio destino e a história, Maquiavel opôs o sentido mundano e ativista da educação pagã ao sentido sobrenatural e contemplativo da educação cristã, considerando aquela uma fonte de energia, de vitalidade, de fortaleza, de patriotismo, e esta, sobretudo na forma em que se apresentava no século XVI, um fator de fraqueza, de conformismo, de inação e decadência. A religião antiga, frisava ele, só beatificava os grandes capitães e

obbligo: di essere diventati senza religione e cattivi. Ma ne abbiamo ancora uno maggiore, il quale è la seconda cagione della rovina nostra: questo è che la Chiesa ha tenuto e tiene questa província divisa. Nicolau Maquiavel, *Discursos*, l. I, c. XII.

os príncipes que, pelos seus feitos heroicos, se haviam coberto de glória mundana, ao passo que o cristianismo veio exaltar os homens votados à humildade e à contemplação, pregando o desprezo às vaidades e ambições terrenas. Este modo de viver, acrescentava Maquiavel, parece ter tornado o mundo fraco deixando-o exposto à sanha dos homens celerados que o podem manejar à vontade, pois a maioria dos indivíduos, com a ideia de conquistar o Paraíso, prefere suportar passivamente os sofrimentos que lhes são impostos a vingar-se de seus opressores.

> E ainda que o mundo se tenha tornado menos viril, e o céu se tenha desarmado, [essa impressão] nasce, sem dúvida, da vileza dos homens, que interpretaram nossa religião segundo o ócio, e não segundo a *virtù*.[234]

Embora reconheça a verdade substancial da religião cristã – "a nossa religião mostrou a verdade e o verdadeiro caminho"[235] –, Maquiavel foi, na realidade, um cético e indiferente em matéria religiosa. Com razão, observa J. W. Allen:

234. *E benchè paia che si sia effeminato il mondo e disarmato il cielo, nasce più senza dubbio dalla viltà degli uomini, che hanno interpretato la nostra religione secondo l'ozio e non secondo la virtù.* Nicolau Maquiavel, *Discursos*, l. II, c. II.

235. [...] *la nostra religione mostrò la verità e la vera via* [...].

[...] ele se interessava pela religião unicamente como um fator da sociedade, não parece ter qualquer concepção da religião como uma forma de filosofia ou como um modo de ser.[236]

O que lhe interessava não era tanto saber se esta ou aquela religião era falsa ou verdadeira, quanto verificar qual delas dispunha de maior poder educativo para criar na coletividade um sentimento cívico de veneração pelas leis do Estado e de devoção integral ao bem da pátria. Em consequência, considerou ele a religião dos antigos superior à religião cristã na medida em que esta, pregando a contemplação, a resignação, a humildade, o desprezo à glória mundana e a renúncia aos bens terrenos, e colocando a vida sobrenatural como a finalidade suprema da criatura humana, teria contribuído para debilitar o mundo e corromper as virtudes guerreiras e o devotamento patriótico. Ao contrário, a religião antiga, com a magnificência de seus sacrifícios, com a pompa de seus ritos e cerimônias, com a valorização dos heróis e conquistadores, dos homens de ação, em suma, movidos pela ambição do poder, de fama e glória, insuflou nos romanos "uma *virtù* e uma

---

236. [...] *he was interested in religion only as a factor in society, he does not seem to have any conception of it as a mode of philosophy or a mode of being.* Ob. cit., p. 458.

prudência grandíssima",[237] graças à qual, e não apenas à fortuna, como quiseram alguns historiadores, se tornaram livres, grandes e poderosos.

É certo que Maquiavel, com relação à religião cristã, não atribui a decadência dos valores viris no mundo a uma inferioridade intrínseca do cristianismo, mas sim à "vileza dos homens", que o interpretaram como um ideal de ócio e não de *virtù*, quando na verdade ele é compatível com a exaltação e a defesa da pátria. Isto, porém, não altera o fato básico de que, para Maquiavel, o valor supremo da vida não reside na consagração do homem a uma realidade religiosa de natureza transcendente; ao contrário, a *virtù* é para ele a vida ativa a serviço da pátria. Como escreve De Sanctis, a propósito: "o novo tipo moral não é o santo, mas o patriota".[238]

---

237. [...] *una virtù e prudenza grandissima* [...].

238. Ob. cit., p. 65, II v.

CAPÍTULO DÉCIMO QUARTO

Chegamos assim ao ponto crucial do pensamento maquiavélico, aquele em que se situa o problema das relações entre a ética e a política, em torno do qual tem tradicionalmente girado a controvérsia histórica entre os apologistas e os adversários de Maquiavel. Tantas têm sido as interpretações errôneas ou simplesmente equívocas a esse respeito que o assunto exige destaque especial, mesmo porque dele depende a compreensão cabal das ideias do pensador florentino. Foi ele, inicialmente, apresentado como um defensor franco do *imoralismo* político colocado a serviço do despotismo; outros pretenderam retificar esse ponto de vista ponderando que Maquiavel não merecia o qualificativo de imoral, uma vez que, na realidade, o problema moral não tinha lugar na sua concepção de política: estaríamos antes diante de um caso de *amoralismo* em que se fazia "tábula rasa" das normas éticas, deixando o campo inteiramente livre ao jogo político, regido por leis próprias e específicas. Maquiavel seria o símbolo da política pura. Houve ainda quem descobrisse nele uma profunda amargura interior diante da inevitabilidade do mal; e outros que apontaram em seu pensamento uma constante preocupação ética. O que, entretanto, é necessário, antes de mais nada, destacar é que Maquiavel construiu sua filosofia política partindo da rejeição do legado ético cristão e formulando suas ideias em termos antitéticos à tradição medieval. Não será por isso exato dizer que Maquiavel seja imoral ou amoral: na verdade, há uma moral maquiavélica, com a diferença substancial, porém, de ser uma moral laica e secular, de base naturalista, que, contrariamente à moral cristã, se esgota, sem maior transcendência, na consecução do bem comum da coletividade.

A filosofia cristã, legada pela Idade Média ao Renascimento, concebia o homem como um ser temporal, de vocação social, dotado, porém, de uma destinação extraterrena, isto é, como um ser que vive naturalmente em sociedade, subordinado à lei positiva, mas que deve, antes de mais nada, obedecer à lei natural, colocada acima da própria autoridade do Estado, e que este não deve contrariar, pois ela emana da própria lei eterna. Se o Estado é soberano em seu domínio, sua soberania não há de ser absoluta, mas subordinada, uma vez que existem valores humanos e espirituais superiores aos valores políticos, de tal modo que o bem comum da cidade temporal deve se subordinar ao supremo fim sobrenatural do homem. A consequência é que, acima dos próprios interesses da comunidade, se colocam os interesses da pessoa humana que a comunidade deve servir e respeitar, pois a razão de ser final do homem não é a grandeza ou a salvação da pátria, mas a salvação da própria alma. Uma sociedade que persiga o bem comum à custa da violação da lei natural ou em contradição com os fins ultraterrenos da criatura humana estará traindo as suas próprias finalidades, desde que "a cidade apenas será bem servida se Deus for servido em primeiro lugar".[239]

A moral cristã se apoia, portanto, em uma concepção do bem e do mal, do justo e do injusto, que ao mesmo tempo preexiste e transcende a autoridade do Estado, cuja organização político-jurídica não deve contradizer ou violar as normas éticas fundamentais, implícitas no direito natural. O indivíduo está subordinado ao Estado, mas a ação deste último se acha limitada pela lei natural ou moral que constitui uma instância superior à qual todo membro da comunidade pode recorrer sempre que o poder temporal atentar contra seus direitos essenciais inalienáveis.

Esta, em síntese, a tradição filosófica que Maquiavel recebeu como herança da Idade Média, mas da qual se divorciou na formulação de seu pensamento político, que teve a norteá-lo coordenadas puramente racionais e naturalistas. A começar pela sua concepção da natureza do homem e da origem do Estado.

239. [...] *la cité n'est pas bien servie, si Dieu n'est pas premier servi.* Jacques Maritain, *Primauté du Spirituel.* Paris: Plon, p. 25-26, 1950.

Parte Maquiavel de uma concepção nitidamente pessimista do homem, a qual informa toda sua obra, constituindo um dos elementos que conferem unidade ao seu pensamento. Os instintos normais do homem são claramente antissociais: egoísta, ambicioso, invejoso, traiçoeiro, feroz e vingativo, o indivíduo só pratica o bem ou se submete à lei movido pela *necessidade* e convencido de que a autoridade do Estado é indispensável à sua própria defesa e segurança. Se a sociedade se constitui e se mantém não é porque o homem seja, como queriam Aristóteles e com ele a tradição cristã, um animal por natureza social, mas tão somente porque o instinto de conservação o leva a substituir a competição violenta pela colaboração pacífica, e a criar, graças à maior ou menor *virtù* existente nos membros da comunidade, condições de vida propícias ao desenvolvimento de suas faculdades materiais e espirituais.

> [...] os homens nunca fazem o bem, a não ser se for por necessidade.[240]
>
> [...] é necessário, a quem dispõe uma república e nela ordena leis, pressupor todos os homens maus.[241]

240. [...] *gli uomini non operano mai nulla bene se non per necessità.* Nicolau Maquiavel, *Discursos*, l. I, c. II.

241. [...] *è necessario a chi dispone una repubblica ed ordina leggi in quella pressuporre tutti gli uomini rei.* Nicolau Maquiavel, *Discursos*, l. I, c. III.

[...] dos homens em geral se pode dizer isto: que são ingratos, volúveis, dissimulados e falsos, que fogem do perigo e são ávidos por vantagens; e enquanto tu lhes faz o bem, são todos teus e te oferecem o sangue, os bens, a vida, os filhos [...].[242]

[...] os homens se entediam com o bem, e com o mal se afligem.[243]

Não reconhece Maquiavel, ademais, que o homem possua direitos naturais anteriores à constituição da sociedade; ao contrário, enquanto em estado de natureza, vive o homem nivelado aos animais irracionais, privado de quaisquer noções do bem e do mal, do justo e do injusto. A moral e a justiça não preexistem, portanto, ao Estado, mas dele resultam em obediência a condições e exigências sociológicas. Assim descreve Maquiavel a origem da sociedade humana, antecipando a teoria política de Hobbes, com o qual ele tem mais de um ponto de contato:

242. [...] *degli uomini si può dire questo generalmente: che sieno ingrati, volubili, simulatori e dissimulatori, fuggitori de' pericolo, cupidi di guadagno; e mentre fai loro bene, sono tutti tua, offeronti el sangue, la roba, la vita, e figliuoli* [...]. Nicolau Maquiavel, *O príncipe*, l. III, c. XVII.

243. [...] *gli uomini si stuccono nel bene, e nel male si affligano.* Nicolau Maquiavel, *Discursos*, l. III, c. XXI.

[...] no princípio do mundo, sendo raros os seus habitantes, viveram por um tempo dispersos à semelhança das feras; depois, multiplicando-se a população, se agruparam e, para melhor se defenderem, começaram a considerar entre eles aquele que era mais forte e mais corajoso, e fizeram dele seu chefe e começaram a lhe obedecer. Disso nasceu o conhecimento das coisas honestas e boas, [como sendo] diferentes das perniciosas e más; porque vendo que se alguém prejudicava seu benfeitor, daí resultavam ódio e compaixão entre os homens, censurando os ingratos e honrando aqueles que tinham sido gratos. E pensando ainda que aquelas mesmas injustiças poderiam ser cometidas contra eles, para evitar semelhante mal foram levados a fazer as leis, ordenar punições a quem as infligisse, e daí nasceu o conhecimento da justiça.[244]

244. [...] *nel principio del mondo, sendo gli abitatori rari, vissono un tempo dispersi a similitudine delle bestie; dipoi moltiplicando le generazioni si radunarono insieme, e per potersi meglio difendere cominciarono a riguardare infra loro quello che fussi più robusto e di maggiore cuore, e fecionlo come capo e lo ubedivano. Da questo nacque la cognizione delle cose oneste e buone, differenti dalle perniziose e ree: perche veggendo che se uno nuoceva al suo beneficatore ne veniva odio e compassione intra gli uomini, biasimando gli ingrati ed onorando quelli che fussero grati, e pensando ancora che quelle medesime ingiurie potevano essere fatte a loro, per fuggire simile male si riducevano a fare leggi, ordinare punizioni a chi contrafacessi: donde venne la cognizione della giustizia.* Nicolau Maquiavel, *Discursos*, l. I, c. II.

Fica bem patente, nessa passagem, o fundamental naturalismo ou determinismo sociológico do pensamento maquiavélico no que concerne à origem da moral e da justiça; uma e outra são explicitamente declaradas subprodutos sociais, nascidos do instinto de conservação e da necessidade em que se vê o Estado de manter a ordem social e as instituições políticas de que dependem a sua vitalidade e sobrevivência. As normas éticas, como também as leis positivas, a educação e a religião, são meios a que recorre o Estado para instaurar coercitivamente bons costumes na sociedade, para dirigir no sentido do bem comum o egoísmo individual ou, como diz Ercole, para dar forma de moralidade e justiça à fundamental amoralidade da maioria.

O que se verifica, portanto, é que não há, para Maquiavel, qualquer antagonismo entre a moral e a política ou qualquer distinção entre a moral privada e a moral pública, uma vez que, para ele, ambas coincidem num mesmo objetivo que é o bem da comunidade, ou pelo menos o bem do príncipe. O conflito ético, na verdade, surge apenas quando determinados objetivos políticos exigem a adoção de medidas que a consciência moral condena em nome de valores e princípios que transcendem a jurisdição temporal do Estado. Desde, porém, que preliminarmente se haja definido a moral, como é o caso de Maquiavel, como um fenômeno puramente social, e lhe atribuído a função de persuadir o indivíduo a considerar como seu bem particular o bem da coletividade, não se opondo egoisticamente a esta última mas nela se integrando patrioticamente – é evidente que desaparece a possibilidade de qualquer condenação ética de meios ou processos considerados necessários ao bem da pátria. Serão, em consequência, morais todas as ações manifestamente úteis à comunidade; imorais, as que só tiverem em vista a satisfação de interesses privados e egoísticos. A pátria é, em suma, o pressuposto e o limite da moralidade maquiavélica, um valor supremo que se deve defender ainda que seja "com ignomínia",[245]

> [...] onde se delibera somente acerca da salvação da pátria, não deve aí ter lugar nenhuma consideração a respeito do que é justo nem do que é injusto, nem do que é piedoso nem do que é cruel, nem do que é louvável nem do que é ignominioso; ao contrário, deixando de lado qualquer outra consideração, deve-se seguir inteiramente aquela decisão que lhe salve a vida e mantenha a liberdade da pátria.[246]

245. [...] *con ignominia*, [...].

246. [...] *dove si delibera al tutto della salute della patria, non vi debbe cadere alcuna considerazione nè di giusto nè d'ingiusto, nè di pietoso nè di crudele, nè di laudabile nè d'ignomoso, anzi, posposto ogni altri rispetto, seguire al tutto quel partito che le salvi la vita e mantenghile la libertà.* Nicolau Maquiavel, *Discursos*, l. III, c. XLI-XVI.

Para se compreender, entretanto, a posição que Maquiavel atribui à ética com relação à política, bem como a distinção que ele estabelece entre ações simplesmente "virtuosas" e ações morais (o que implica a existência de ações "virtuosas" porém imorais), será necessário, como mostra Ercole,[247] determinar preliminarmente o que entendia ele por livre-arbítrio ou "liberdade do querer".[248]

Maquiavel não é, malgrado as aparências verbais em contrário, um determinista; a vontade humana é, na sua opinião, livre. Mas o livre-arbítrio maquiavélico não se confunde nem com o arbítrio da indiferença ou da indeterminação absoluta, nem tampouco com a concepção de livre-arbítrio da tradição aristotélico-tomista, segundo a qual a razão humana dispõe do poder não apenas de conhecer mas de escolher o bem, discriminando entre fins bons e fins maus e impondo o objeto de sua escolha à vontade que lhe está subordinada. Maquiavel não aceita esse primado da razão sobre a vontade, mas acredita que cabe à vontade servir-se da inteligência para alcançar os próprios fins. A sua é uma posição anti-intelectualista que conduz a um voluntarisrno ativista, segundo a qual a afirmação da liberdade humana não se esgota com a escolha interior de um fim moralmente bom, mas exige essencialmente

247. Ob. cit., p. 5-6.

248. [...] *libertà del volere.*

ação exterior: que a vontade consiga impor a sua direção à realidade, alcançando efetivamente o alvo almejado. A *virtù* não está em pautar o homem a própria conduta por uma concepção abstrata do bem, desinteressando-se de suas repercussões práticas; consiste em saber aproveitar a "ocasião"[249] proporcionada pela "fortuna", avaliando devidamente a situação de fato em que se encontra, e formulando, com perfeita consciência do seu poder de agir, uma decisão correspondente, elegendo, a seguir, os meios mais adequados para traduzir essa decisão em realidade.

Maquiavel instaura, desse modo, no pensamento moderno, um novo conceito de *virtù*. A Idade Média definira a virtude como a submissão do homem à vontade de Deus, proclamara como sumo bem a renúncia ao mundo terreno – "o cristão vive *no* mundo mas não é *do* mundo" – e glorificara os espíritos humildes e contemplativos. Para o cristianismo, de nada valeria ganhar o mundo e perder a alma. Maquiavel veio inverter os termos dessa hierarquia cristã que culminava na Cidade de Deus, adotando como dístico de sua filosofia ativista, imbuída de paganismo clássico, a máxima: "amar a pátria mais do que a própria alma".[250] E confessando sua admiração por Cosimo de Medici, que afirmara, certa vez, não ser com padres-nossos

---

249. [...] *occasione* [...].

250. [...] *amare la pátria più che l'anima.*

que se governam os Estados. Pois era sua convicção de que "é preciso entrar no mal para fazer política".[251] A necessidade pode, em certos casos, argumentava Maquiavel, tornar legítimo o recurso ao mal, de tal modo que o príncipe deve aprender também a não ser bom, uma vez que a *virtù* tem o direito de lançar mão de todas as armas para sobrepujar a fortuna, por excelência insidiosa. Não se encontra na obra de Maquiavel a máxima fartamente popularizada, "os fins justificam os meios", cunhada, na verdade, durante o período da contrarreforma. É certo, porém, que ele declara que o vulgo, ao julgar o homem de Estado, considera apenas o êxito alcançado e não os meios para tanto empregados. Esta poderia ser considerada talvez uma simples constatação de fato se ele, de outro lado, não houvesse considerado Rômulo isento de qualquer censura apesar de haver assassinado o próprio irmão, pelo fato de haver feito para o bem comum; e se não houvesse justificado ainda todas as crueldades de Cesar Borgia com a alegação de que este, servindo-se de tais meios, pacificara e unificara a Romanha. Na verdade, para Maquiavel, não existiam meios *a priori* bons e meios *a priori* maus: encarando a política como uma técnica, ele só julgava os meios *a posteriori*, isto é, em função de sua eficiência prática, fosse para conservar ou conquistar o poder, fosse para promover o bem coletivo.

251. [...] *bisogna entrare nel male per fare politica.*

O conceito maquiavélico de *virtù*, ensina Francesco Ercole, prescinde de modo absoluto de qualquer critério moral de avaliação da atividade humana. A afirmação de Ercole nos parece aceitável desde que frisemos: qualquer critério moral *transcendente*, pois há, como vimos, uma moralidade imanente à ação, no pensamento de Maquiavel. O que importa para este é saber se uma determinada ação correspondeu ou não às condições de fato em que foi levada a cabo, e se conseguiu efetivamente alcançar um fim útil. Não que seja indiferente a Maquiavel a distinção entre ações morais e ações imorais; na verdade, apesar de todo o seu paganismo, ele não se libertou inteiramente do dualismo ético cristão. Ocorre apenas que para ele o homem pode revelar *virtù*, isto é, capacidade pessoal de afirmar sua liberdade em face da fortuna, conquistando o seu objetivo mediante o emprego justo de meios adequados à situação de fato, tanto na prática do bem quanto na do mal. Um grande criminoso ou um tirano cruel e egoísta podem constituir exemplos de *virtù*, assim como, de outro lado, será privado de *virtù* um homem honesto e bom, dotado das melhores intenções, que seja no entanto praticamente inepto no seu agir. Como escreveu Luigi Russo, interpretando Maquiavel,

> [...] o homem virtuoso não é aquele que se submete a razões superiores, que se fia apenas na justiça abstrata de sua causa, que

confia a Deus e a pias orações a solução dos conflitos que se travam neste mundo, mas aquele que ajusta suas ações à medida de sua própria capacidade interna e se prepara para agir com obstinada consciência.[252]

Para Maquiavel, o carisma da *virtù* se revela na capacidade do homem de enfrentar a fortuna, pois acreditava ele que "a fortuna pode ser árbitra da metade de nossas ações, mas que, todavia, também ela nos deixe governar a outra metade, ou quase".[253] A fortuna só domina inteiramente onde não há "*virtù* ordenada"[254] para resistir-lhe, assim como as águas de um rio que transborda, arruínam os campos e as cidades, desde que não encontrem diques e barragens capazes de conter e canalizar sua torrente. Mas acontece que a fortuna é vária, de tal modo que será bem-sucedido somente aquele que souber harmonizar seu procedimento com "as características dos tempos",[255] agindo ora com prudência, ora com ímpeto, ora com violência, ora com arte, ora com paciência, ora com impaciência; mudanças oportunas de atitude tática que nem

252. Ob. cit., p. 241.

253. [...] *la fortuna sia arbitra della metà delle azioni nostre, ma che etiam lei ne lasci governare l'altra metà, o presso, a noi.*

254. [...] *ordinata virtù* [...].

255. [...] *le qualità de' tempi* [...].

todos os homens acham possível realizar, seja porque não podem desviar-se daquilo a que os inclina sua natureza, seja porque tendo sido sempre bem-sucedidos seguindo uma determinada via não conseguem convencer-se a abandoná-la. E, por esse motivo, o homem prudente, quando se trata de ser impetuoso, não consegue sê-lo e, em consequência, fracassa, vítima da fatalidade, ao passo que "se mudasse de natureza com os tempos e com as coisas, a sorte do homem não mudaria".[256]

Considerando as variações incessantes da fortuna e a tendência do homem a obstinar-se no procedimento mais afim à sua própria natureza, Maquiavel julga que será sempre preferível ser impetuoso a ser prudente, porque, explica, "a fortuna é mulher, e é necessário, se se quer dominá-la, bater nela e agredi-la".[257] O homem virtuoso, entretanto, não perderá jamais de vista as peculiaricidades de cada situação de fato, pois o seu êxito dependerá fundamentalmente da adaptação de seu método de ação às circunstâncias e condições em que ele deve atuar. Em outras palavras: o indivíduo age condicionado pela "necessidade", isto é, pela constrição causal dos fatos que

256. [...] *se mutasse di natura con li tempi e con le cose, non si muterebbe fortuna.* Nicolau Maquiavel, *O príncipe*, c. XXV.

257. [...] *la fortuna é donna; ed è necessario, volendola tenere sotto, batterla e urtarla.*

possui um valor criador na medida em que muitas coisas a que não nos induz a razão, induz-nos a necessidade. Semelhante conceito é, na verdade, uma faca de dois gumes: o homem tanto pratica o bem por necessidade, como o príncipe é "frequentemente levado a agir contra a boa-fé, contra a caridade, contra o senso de humanidade, contra a religião".[258]

É mister, porém, lembrar que Maquiavel manifesta uma decidida preferência pelo homem "virtuoso" que erija como escopo de sua ação um bem moral, como seja a fundação de um reino ou a reforma de um Estado corrupto. Ao lado de seu conceito de *virtù*, coloca-se um conceito próprio de moralidade: o que distingue uma ação boa de uma ação má é que, enquanto a primeira transcende o prazer ou o egoísmo individual, visando realizar o bem da comunidade, a segunda tem somente por mira a satisfação de um bem particular, com prejuízo para a coletividade. Para que a atividade humana seja ao mesmo tempo "virtuosa" e moral, é necessário que, além de revestir-se da eficiência prática indispensável à obtenção do bem visado, tenha por objetivo não o bem do indivíduo mas o bem da pátria.

Um tirano como Agátocles, que revelou grande *virtù* por ter sabido enfrentar os maiores perigos e suportar e

---

258. [...] *spesso necessitato a operare contro fede, contro carità, contro umanità, contro religione.* Nicolau Maquiavel, *O príncipe*, c. XVIII.

vencer a adversidade, não é considerado por Maquiavel plenamente "virtuoso" porque sua política na Sicília consistiu em assassinar os cidadãos, trair os amigos, violar a palavra empenhada, agir sem piedade e sem religião. Uma política, frisou Maquiavel, que pode levar a "conquistar poder, mas não glória".[259] Infames e detestáveis são os homens dissipadores de reinos e de repúblicas, inimigos da virtude, das letras e de todas as outras artes que produzam utilidade e honra para a geração humana, como são os ímpios, os violentos, os ignorantes, os medíocres, os ociosos e os vis. O bom príncipe é aquele que age "para o bem comum, e não para sua própria ambição".[260] Diz ainda Maquiavel: "reordenar uma cidade para o viver político pressupõe um homem bom".[261] Julga ele, ademais, ser indispensável que haja também no povo de um Estado honestidade, bondade e abnegação, porque "assim como os bons costumes para se manter precisam das leis, as leis para se conservar têm necessidade de bons costumes".[262]

259. [...] *acquistare impero, ma non gloria*. Nicolau Maquiavel, *O príncipe*, c. VIII.

260. [...] *per il bene comune e non per ambizione propria*. Nicolau Maquiavel, *Discursos*, l. I, c. IX.

261. [...] *il riordinare una città ai vivere politico presuppono un uomo buono*. Nicolau Maquiavel, *Discursos*, l. I, c. XVIII.

262. Nicolau Maquiavel, *Discursos*, l. I, c. XVIII.

"Onde não há essa qualidade, não se pode esperar nada de bom".[263]

A *virtù* maquiavélica, em contraste com a virtude cristã medieval, de natureza precipuamente contemplativa, é uma virtude ativa e dinâmica, capaz de enfrentar e vencer os azares da fortuna com vistas a um êxito puramente temporal, assim como a moralidade maquiavélica diferencia-se da abstrata moral cristã, de raízes transcendentes, pelo fato de ser "uma moralidade concreta, inerente à ação que se pratica". A consequência de semelhante posição ética é que para Maquiavel um erro de cálculo é mais grave do que um crime. Rômulo será exculpado de haver assassinado o próprio irmão porque sua ação foi provada útil e necessária à fundação de Roma; mas Cesar Borgia merecerá censuras, não pelos seus crimes, mas sim por haver confiado imprudentemente na palavra de Júlio II.

Apesar de seu pessimismo fundamental, Maquiavel acredita na existência de indivíduos dotados de uma *virtù* superior e capazes de agir moralmente, isto é, de sobrepor o bem comum ao bem próprio, consagrando-se integralmente ao bem da pátria. Observa, porém, que a grande maioria dos homens não tem em mira senão a satisfação de seus interesses particulares, desprovida que é de *virtù*

263. *Dove non è questa bontà, non si può sperare nulla da bene.* Nicolau Maquiavel, *Discursos,* l. I, c. LV.

e de vontade moral; tal fato torna indispensável que a lei exerça uma função educativa na sociedade fazendo com que, mediante sanções, o indivíduo sacrifique o próprio egoísmo aos interesses supremos da comunidade a que pertence, até o ponto de conceber como bem próprio o bem coletivo.

Identificação do interesse particular com o interesse geral, disposição do indivíduo de consagrar-se ao bem da própria pátria, pautando suas ações pelos interesses desta última, eis em que consiste a moralidade maquiavélica, para a qual não existem um bem e um mal em abstrato a definir os atos humanos, mas apenas atos bons e atos maus conforme redundem ou não em benefício da coletividade. Em suma: no pensamento de Maquiavel, a moral perde a sua autonomia e transcendência, sendo integralmente absorvida pela política. Ou, se quisermos perfilhar a interpretação de Benedetto Croce, que tanta influência exerceu sobre os modernos estudos maquiavélicos: afirma-se nele a necessidade e autonomia da política, resolvendo-se declaradamente a favor desta última a antinomia que desde a Antiguidade sempre existiu, em maior ou menor grau, entre o seu domínio e o da moral. Maquiavel, afirmou Croce, concebeu a política como uma atividade situada fora da jurisdição da moral, além ou aquém do bem e do mal, como escreve o filósofo, uma atividade que possui suas leis próprias contra as quais é inútil rebelar-se "já que a política não pode ser exorcizada e expulsa do mundo com água benta".[264]

Mais do que autonomia, há em Maquiavel uma verdadeira hipertrofia da política, que passa a ser o estalão absoluto, única medida de avaliação do comportamento humano, ímã implacável que tudo atrai, eliminando todas as zonas até então livres em que o homem podia se subtrair ainda ao seu império absorvente, preservando sua liberdade espiritual diante do poder do Estado. Expressão de uma época que teve a marcá-la a luta da autoridade secular para afirmar sua independência com relação à Igreja e ao papado – luta que culminou na Reforma –, Maquiavel cortou todas as amarras de subordinação, teológicas e morais, com que na Idade Média o sistema hierárquico do cristianismo limitara o poder temporal, e recusou-se a reconhecer qualquer valor superior à autoridade do Estado, erigindo este último em fonte suprema da justiça e da moral. Não somente desconheceu ele qualquer direito individual que se pudesse legitimamente opor ao poder público em nome de valores supraestatais, como também não concebeu uma noção de justiça internacional que transcendesse a vontade soberana do Estado.

264. [...] *non si può esorcizzare e cacciare dal mondo con l'acqua benedetta*. Benedetto Croce, *Etica e Politica*. Bari: Laterza & Figli, p. 251, 1945.

Por isso mesmo, Frederico Meinecke considerou Maquiavel o primeiro descobridor da essência da "razão de Estado", afirmando que todo seu pensamento político constitui uma reflexão constante sobre a mesma. Meinecke, que, do seu ponto de vista historicista, verificou ser a "razão de Estado" a norma da ação política, a lei motriz do Estado, a qual indica ao homem de governo – armado de uma consciência plena de seu próprio poder e de um conhecimento realista de seu ambiente – o que deve fazer para defender os interesses vitais do Estado, considera Maquiavel um pensador pagão que contrapôs à ética dualista do cristianismo uma nova ética naturalista, cuja principal característica reside no reconhecimento da necessidade do mal. Fato este fundamental, que alterou substancialmente a perspectiva em que até então fora colocado o problema das relações entre a política e a moral.

Há algo de essencialmente diverso entre a simples transgressão de fato da lei moral, na política, e o poder justificá-la mediante uma inevitável "necessidade", o que doravante não somente foi possível mas aconteceu com frequência cada vez maior. No primeiro caso, a própria lei moral permanece ilesa de modo absoluto na sua santidade, como uma necessidade superempírica. Agora, ao contrário, a necessidade empírica suplanta a necessidade superempírica, o mal conquista um lugar ao lado do bem e se apresenta mesmo como um bem, ou pelo menos como meio indispensável à obtenção de um bem. A força do pecado, que a ética cristã havia tomado como princípio, obtém como princípio uma vitória parcial mas fundamental, o demônio penetra no reino de Deus.[265]

✳ ✳ ✳

265. Frederico Meinecke, *L'Idea della Ragion di Stato nella Storia Moderna*, tradução D. Scolari. Florença: Vallecchi, 1944, p. 58-59, v. I.

CAPÍTULO DÉCIMO QUINTO

❋

Verificamos, no capítulo anterior, que Maquiavel concebia a política – ou antes constatava que ela assim se apresentava na história – como uma atividade autônoma, senão soberana, que engendra, sob o império do instinto de poder e da necessidade, sua própria ética utilitária e empírica, uma ética que legitima, em certos casos, o recurso ao mal. Posição esta que, projetada no campo do direito público, o levou a considerar o Estado, compreendido como o titular efetivo do poder, um valor supremo, fonte única da moral e do direito, autoridade incontrastável dentro de seu próprio território, e que, no plano das relações internacionais, nada reconhece de superior aos seus interesses vitais.

Creio não restar dúvida de que são essas duas linhas básicas do pensamento de Maquiavel que informam e definem a consciência política do homem moderno; não é menos certo, porém, que semelhante colocação do problema político encontra forte oposição teórica, de bases filosóficas as mais diversas, mas concordes todas em afirmar que, possuindo o homem, na sua natureza, valores extrapolíticos, de uma hierarquia espiritual superior, a política e, em consequência, o Estado devem estar submetidos a critérios éticos absolutos e transcendentes.

Existe, na verdade, à raiz do pensamento ocidental, um fundamental dualismo que pretende contrapor a ética à política, o direito ao Estado, estabelecendo um dissídio, de verificação diária, entre os imperativos da moral e as exigências da ação política, seja no plano individual, seja no campo nacional ou internacional.

Há, de outro lado, a convicção de que política e ética constituem dois mundos separados que não se regem necessariamente pelo mesmo código, fato esse que o filósofo Werner Jaeger explica da seguinte maneira:

> [...] nenhuma tentativa teórica, no sentido de eliminar o abismo entre esses dois mundos, poderá alterar o fato histórico de que a nossa moralidade remonta à religião cristã e a nossa política à concepção greco-romana do Estado; elas derivam assim de fontes morais diversas.[266]

Essa coexistência de dois polos culturais que atraem o homem para direções opostas e antinômicas é que nos esclarece a razão do caráter dualístico do pensamento político ocidental, e nos faz compreender os dilemas de consciência que a todo momento confrontam o homem

266. *Paidea*, versão inglesa, p. 325, v. II.

íntegro e responsável, tantas vezes dilacerado entre os imperativos da ética cristã (ainda quando esta se apresenta apenas sob a forma de um resíduo cultural) e as exigências da competição política ou da defesa do Estado.

Semelhante conflito não podia ocorrer, como lembra Jaeger, no espírito do homem da Antiguidade greco-romana, para o qual a moralidade pública e a moralidade pessoal eram praticamente idênticas. O Estado era, então, a única fonte dos padrões éticos, e não se concebia um código moral que não fosse o próprio código da "polis", pois nenhuma distância devia subsistir entre o homem e o cidadão.

O problema cruciante que defrontamos, hoje em dia, no campo da atividade política, deriva desse choque traumático que o cristianismo veio provocar na consciência humana, entre as imposições práticas da vida do Estado – com tudo o que a conquista e a manutenção do poder implicam – e as exigências de uma ética transcendente que reclama do homem, para sua salvação eterna, o sacrifício de todas as vantagens mundanas e da glória terrena, cujo preço seria a violação ou o abandono de um dever moral concebido como um valor meta-histórico.

Trata-se de saber, porém, de que modo, praticamente, esse conflito se resolve no campo da política; trata-se de indagar se o homem de vocação política é sensível a uma ética que lhe dificulte alcançar seus objetivos de poder; ou até que ponto será ele capaz de curvar-se a seus imperativos, com prejuízo de seus interesses pessoais ou partidários; e mais do que isso: se, aceitando o primado de uma ética transcendente que lhe embarace o êxito, poderá o político exercer uma ação eficaz no campo social, desde que a detenção de uma soma relativa de poder é condição indispensável à eficácia política. Trata-se, enfim, de verificar, com base na experiência e na observação, qual a real natureza do agir político.

O que a observação cotidiana e a experiência histórica nos ensinam é que a insistência do indivíduo em manter inflexível, no domínio da política, o mesmo código moral pelo qual rege sua vida interior, tem como resultado, via de regra, uma colheita de sucessivos fracassos políticos ou redunda, finalmente, na adoção de uma atitude negativa de reprovação e nojo diante da política, com o consequente abandono da atividade pública. Atitude esta que serve apenas para identificar aos olhos da opinião pública o homem moralmente íntegro com o homem politicamente incompetente. Ora, a consciência ética não tem o direito de renunciar à política sob o fundamento de que impuros são os seus métodos, porque a política, isto é, a ação prática diante de uma determinada situação de fato, gerada pelo funcionamento da máquina do Estado, é o único meio efetivo e direto de se fazer prevalecer a moralidade sobre as paixões individuais que se chocam no seio da sociedade, e que seria utópico pretender suprimir, pois são elas que geram a força motriz da história. Croce, a quem devemos esta observação, acrescenta:

> [...] o esforço, soberbo e estéril, da pura vontade moral contra as paixões pode funcionar como símbolo da vontade ética e da sua autonomia; mas traduzido em realidade, ou desmente com o fato a norma, ou se consome na impossível luta e torna a uma espécie de estoicismo, bom talvez para se preparar uma morte togada, mas não certamente para a vida eficaz.[267]

Para o filósofo, a solução é uma só: que a moral desça à arena e se misture às paixões humanas, que se torne uma paixão entre as paixões, lidando com elas sem pretender suprimi-las ou violentar sua natureza, lançando uma contra outra, conforme convenha, aliada ora a esta, ora àquela, porque, frisa Croce: "a vontade moral séria, verdadeira, é criadora de vida, e por isso nao tem medo algum de se contaminar, de se servir da vida para uma vida ainda maior."[268]

267. Ob. cit., p. 99.

268. [...] *la vera, la seria volontà morale è creatrice di vita; e perciò non ha nessuna paura di contaminarsi, adoperando la vita per una maggiore vita.* Idem.

Não seria razoável deixar de reconhecer no agir político uma especificidade legítima, pois é evidente que as circunstâncias e exigências da ação política não são as mesmas que circunscrevem e condicionam a conduta moral do indivíduo desligado das responsabilidades do poder ou desinteressado de sua conquista por motivo de temperamento ou vocação diversa.

Da essência mesma da política é a vontade de poder, que cabe à lei moral e à lei jurídica disciplinar, sem dúvida, mas sem a qual a humanidade não teria evoluído socialmente, permanecendo numa apática estagnação anti-histórica. A atividade política se caracteriza por ser fundamentalmente dinâmica, criadora de novas situações, inapta por natureza a contentar-se com a mera contemplação de um bem abstrato, por maior que seja a influência sobre ela exercida pelos mitos coletivos e pelas utopias sociais. O impulso natural da política é para a aquisição e o uso efetivo do poder numa determinada sociedade, o que impõe aos que a praticam uma maleabilidade adequada aos imprevistos da realidade histórica, uma capacidade de adaptação e improvisação proporcional às variações frequentes da situação de fato a enfrentar. É fato de observação corrente que a pretensão de fazer política encouraçado numa rígida moralidade de ordem privada poderá levar o indivíduo à autoexaltação estoica ou mesmo à santidade, mas não o conduzirá por certo ao êxito político, nem o manterá no poder, se a ele o tiverem levado circunstâncias excepcionais. E não se concebe um político cuja existência, diga-se de passagem, é indispensável à vida do Estado e à promoção dos valores morais necessários ao bem da comunidade, que renuncie a agir segundo exija uma determinada situação de fato, para não ferir um código ético inadequado à esfera própria da política. Porque, de tal omissão, poderão resultar, conforme as circunstâncias, consequências práticas desastrosas para a própria coletividade.

Se o indivíduo, na sua existência privada, tem o direito de sacrificar o seu bem pessoal imediato e até sua própria vida a um valor moral superior, ditado pela sua consciência, pois em tal hipótese estará empenhando apenas seu destino particular, o mesmo não acontece com o homem de Estado, sobre o qual pesam a pressão e a responsabilidade dos interesses coletivos; este, de fato, não terá o direito de tomar uma decisão que envolva o bem-estar ou a segurança da comunidade, levando em conta tão somente as exigências da moral privada; casos haverá em que terá o dever de violá-la para defender as instituições que representa ou garantir a própria sobrevivência da nação.

Jacques Maritain, que condena o maquiavelismo como uma racionalização puramente técnica da vida política, não deixa, porém, de distinguir entre a *ética individual* e a *ética política*, afirmando que há uma diferença específica de perspectiva entre esses dois ramos da ética.

A Política é um ramo da Ética, mas um ramo especificamente distinto dos outros ramos do mesmo caule. Porque a vida humana tem duas finalidades últimas, e uma está subordinada à outra. Uma finalidade última *em uma ordem dada* que é o bem comum terrestre, *bonum vitae civilis*; e uma finalidade última absoluta, que é o bem comum eterno e transcendente. E a ética individual leva em conta a finalidade última subordinada, mas visa *diretamente* a finalidade última absoluta; enquanto que a ética política leva em conta a finalidade última absoluta, mas sua finalidade *direta* é a última subordinada, o bem da natureza racional em suas realizações temporais.[269]

É graças à natureza específica da ética política, continua Maritain, que se torna moralmente aceitável toda uma

---

269. *La Politique est une branche de l'Ethique, mais une branche spécifiquement distincte des autres branches de la même tige. Car la vie humaine a deux fins ultimes, dont l'une est subordonnée à l'autre: une fin ultime dans un ordre donné, qui est le bien commum terestre,* bonum vitae civilis; *et une fin ultime absolue, que est le bien commun éternel et transcendent. Et l'éthique individuelle tient compte de la fin ultime subordonnée, mais vise directement à la fin ultime absolue; tandis que l'éthique politique tient compte de la ultime absolue mais sa fin directe est la fin ultime subordonnée, le bien de la nature rationnelle dans ses acomplissements temporels.* Jacques Maritain, *L'homme et l'Etat.* Paris: Presses Universitaires de France, 1953, p. 56.

série de atos praticados comumente pelo corpo político; assim, por exemplo, o emprego da força coercitiva pelo Estado, o recurso à guerra contra um agressor injusto em caso de necessidade absoluta, a prática da espionagem pelos Estados, a qual exige a utilização de pessoas corrompidas, o emprego da violência policial, a defesa dos interesses próprios da comunidade política, a desconfiança e a suspeita permanentes e a habilidade, "bem afastada de qualquer candura",[270] em tratar com os demais Estados, a tolerância pela lei de certos atos maus, o reconhecimento do princípio do mal menor e a aceitação dos fatos consumados.

Ora, tudo isto, que envolve inevitavelmente graves desvios éticos, parece demonstrar que a política tem sua própria ética e que a realidade sobre a qual ela atua violenta todos os esquemas e transborda fatalmente dos conceitos morais com que a pretendemos conter.

De outro lado, porém, considerando que o mero imediatismo ou oportunismo político, isto é, o primado exclusivo do útil, denota no corpo social uma temperatura moral extremamente baixa, nada de verdadeiramente criador sendo lícito esperar de semelhante situação, resta saber de que modo se pode conjugar, como é indispensável, o plano moralmente indiferente da utilidade política com o plano politicamente

270. [...] *bien éloignée de toute candeur* [...].

indiferente da moralidade. Pois não há dúvida de que uma atividade política desvinculada de qualquer elo de subordinação a uma finalidade ética, não passa de uma frenética competição pelo poder com vistas à satisfação de interesses particularistas. Como observa lucidamente Carlo Antoni, não é possível reduzir a política a mera atividade utilitária, pois seu elemento essencial é a dedicação a uma causa. Frisa aquele comentador de Benedetto Croce:

> A política, como atividade consagrada à coisa pública, é uma realização da vida moral. A relação entre a moral e a política é pois uma relação entre o universal e o particular.[271]

Essa questão básica, das relações entre a ética e a política, se reveste de uma tal complexidade que chegamos a duvidar se será possível atingir jamais uma plataforma firme e estável em que ela se situe e se resolva em termos inequívocos. A não ser que nos contentemos em proclamar posições doutrinárias destituídas de eficácia social e relevância prática, como a que afirma abstratamente a unidade e o primado da moral sobre a política, ou que optemos pela fórmula inversa, aceitando fatalisticamente a força como regente único da história. Qualquer dos dois extremos oferece uma saída fácil para o dilema de agir

271. Carlo Antoni, *Commento a Croce*. Veneza: Neri Pozza, 1955, p. 208.

politicamente, dentro da realidade, sem renunciar a um esforço de superação das limitações naturais e históricas. A opção por uma moral transcendente, inflexível na rigidez de princípios que se recusam a transacionar com as exigências da vida política, conduz, em última análise, ao isolamento contemplativo e ao farisaísmo social; de outro lado, a renúncia a qualquer tábua de valores éticos e jurídicos e a submissão ao império exclusivo do poder equivalem a ignorar o impulso civilizador que há no homem e a preparar o seu retorno à barbárie original.

Desde que se reconheça que os fins da política não constituem os únicos fins a que se acha destinada a vida do homem, mais do que isto, não representam os fatores exclusivos de sua realização temporal, é-se levado a pensar que a antinomia entre a consciência ética e a vontade de poder corresponde a uma antinomia verdadeiramente insolúvel, e que é precisamente de uma permanente tensão dramática e dos choques verificados entre ambas que nascem os princípios morais e as ideias jurídicas efetivamente operantes nos diversos períodos da história. "*Cratos* e *ethos* juntos fundam o Estado e fazem a história", ensina Frederico Meinecke, que significativamente acrescenta: "quão sombria e problemática, porém, é a sua relação em todos os estágios da evolução e especialmente na ação do homem de Estado".[272]

272. Ob. cit., p. 12, v. I.

Na verdade, a própria natureza do homem se opõe a qualquer solução monista que pretenda resolver, de uma vez por todas, a favor de uma ou de outra, a antinomia entre a política e a moral, entre o poder e o direito, entre a força e o espírito. Um monismo filosófico que repila a realidade histórica em favor de uma realidade abstrata, transcendente e imutável, será tão insatisfatório quanto aquele que negue qualquer transcendência e não reconheça senão o que traga a marca da experiência empírica, integrada no fluxo inexorável da história. O transcendentalismo puro conduz, em última análise, ao quietismo religioso ou à mística contemplação das essências metafísicas, enquanto o imanentismo monista deixa o homem inteiramente desarmado diante do processo histórico. Só uma concepção dualista da história leva na devida conta a ambivalência da natureza humana, sua íntima contradição de espírito e de animal, de razão e de instinto, de consciência e de vontade, de bem e de mal, elementos contraditórios que não vivem em compartimentos estanques mas que, ao contrário, transfundem mútua e permanentemente seus efeitos, mantendo o homem enraizado, de um lado, no mundo finito da matéria, mas tendendo, de outro, ao infinito da realidade transcendente.

Esse dualismo se torna tão mais vivo quanto maior for o sentimento de transcendência religiosa que anime o momento histórico, a exemplo do que se deu na Idade Média, quando a humanidade teve bem viva a consciência do sobrenatural. Tende, ao contrário, a desaparecer nas épocas em que, como no Renascimento e no mundo moderno, diminui o sentido da transcendência, e o agnosticismo dominante leva a humanidade a concentrar-se nas realizações empíricas da história. Foi o que se deu precisamente com Maquiavel, como nota Spirito, o qual, sob a influência do agnosticismo e do empirismo renascentistas, permaneceu no plano da pura experiência histórica, renunciando assim a qualquer esforço de transcendência filosófica.

Posição inaceitável esta de Maquiavel, na medida em que, no seu imanentismo ético, nos priva de critérios de valor para julgar a ação política, que passa a ser medida unicamente pelo seu resultado prático; ora, acontece que este só é suscetível de uma aferição justa quando apreciado através de uma perspectiva histórica de longo alcance, pois muitas vezes um êxito aparente redunda com o tempo em um desastre final. O problema político, no entanto, envolve julgamentos também imediatos, fato que nos coloca diante da necessidade de recorrer a um feixe de valores éticos, meta-históricos, sem os quais a política não terá um sentido que transcenda o simples exercício da vontade de poder.

Quando nos referimos antes à insolubilidade da antinomia entre a consciência ética e a vontade do poder, tínhamos em mente o fato de que se a ética tende pela sua natureza a orientar a atividade política, imprimindo-lhe um valor de transcendência, a vontade de poder, de seu lado, resiste às imposições da moral que busca tolher o seu ímpeto ativista e mundano, sem o qual não se faria a história. A consciência ética representa o que há no homem de meta-histórico, de vocação transcendente, de capacidade de dedicação a uma causa que ultrapasse o nível da satisfação egoística do indivíduo; a vontade de poder revela tudo o que existe nele de substancialmente ligado à natureza e à vida terrena, ao mundo obscuro e poderoso das paixões e dos instintos. O dualismo a que nos referimos não há de ser compreendido como a coexistência de dois mundos que não se comunicam, o que condenaria a humanidade à alternativa da pura contemplação desinteressada ou da ação instintiva e brutal, mas ao contrário como um diálogo contínuo, de feição essencialmente dramática, através do qual o universal se particulariza e o transcendente se incorpora, por assim dizer, à história.

Em suma, as relações entre a ética e a política não podem ser explicadas do ponto de vista da lógica tradicional, porque esta, não tolerando por princípio as contradições que constituem o tecido vivo daquelas relações, tende a eliminá-las artificialmente recorrendo a um esquema puramente abstrato e falseando, desse modo, a colocação do problema. Ao contrário, uma perspectiva dramática da história é mais apta para compreender o diálogo entre a consciência ética e a vontade de poder justamente por reconhecer, de início, o caráter contraditório e dialético do processo histórico e, em consequência, da própria ação política.

Foi colocado em semelhante ponto de vista que Benedetto Croce exaltou Maquiavel como o pensador que descobriu com rara agudeza a intrínseca necessidade da política, concebida como uma atividade que não pode dispensar o concurso do mal, uma atividade eminentemente utilitária e econômica, a exigir do homem público espírito de iniciativa, senso de oportunidade, poder de invenção e criação. Mas considerou que o pensamento maquiavélico, no seu unilateralismo, iluminara apenas uma das faces do espírito humano, e que era necessário completá-lo com a filosofia da história de Giambattista Vico, para o qual

> [...] a política, a força, a energia criadora dos estados se tornam um momento do espírito humano e da vida em sociedade, um momento eterno, o momento do *certo*, ao qual sucede, através de um desenvolvimento dialético, o momento do *verdadeiro*, da razão plenamente desdobrada, da justiça e da moral, ou seja, da "eticidade".[273]

273. Ob. cit., p. 254.

A técnica política não poderá, portanto, ser aplicada com êxito real e duradouro caso se apresente totalmente desligada de considerações morais. Em outras palavras: a arte da política é inseparável da moral, em primeiro lugar porque cabe a esta última assinalar-lhe sua finalidade última, que é a de promover o bem comum; em segundo lugar porque, na prática, o político não pode, sem grave dano para sua carreira, desconhecer a moralidade dominante como uma das forças sociais que ele há de levar em conta na ponderação dos fatores integrantes do jogo pelo poder.

A este propósito, são de particular interesse as considerações feitas por Frederic S. Oliver, qualificado por Mario Praz de "Maquiavel escocês" em seu estudo sobre a carreira política do ministro inglês Robert Walpole, e no qual ele analisa com penetração invulgar o problema que ora nos ocupa.

Oliver observa que a arte da política é influenciada diretamente, de mil maneiras, por considerações morais; contudo, a política não pode ser considerada um ramo da conduta virtuosa, porque, embora as duas coisas estejam muitas vezes entrelaçadas, cada uma tem sua raiz e seu tronco separados.

> O primeiro escopo do homem político não é o de fazer o bem à humanidade ou a seu país, mas simplesmente obter o poder para si mesmo. E, no entanto, ele fracassará certamente se se

recusar a prestar homenagern às normas éticas de sua própria época.[274]

O mais importante, no julgamento de um homem político, acrescenta aquele autor, não consiste em saber se ele é um homem reto que emprega meios virtuosos, mas verificar se conseguiu conquistar o poder, manter-se nele e governar; se, em resumo, revelou habilidade na sua arte particular ou agiu como um desastrado.

O que Oliver deixa bem claro é que o homem político, para conservar a confiança de seus adeptos, deve preocupar-se em não ferir suas ideias do bem e do mal; deve, em suma, agir tendo em vista a moralidade reinante na sua época. Um artista, diz ele, que morre de fome numa mansarda por ter ousado escandalizar o gosto do público, pode ainda pintar obras-primas; mas as obras-primas políticas só podem ser realizadas por um homem político que trabalhe em colaboração completa com a opinião dominante.

Semelhante colocação do problema da conduta política está a indicar a importância da interação, a que nos referimos acima, entre a consciência ética e a vontade de poder, demonstrando a influência que a moral pode exercer efetivamente na sociedade mediante a criação de um clima ético

274. Frederick S. Oliver, *Elogio dell'Uomo Politico*. Nápoles: Riccardo Ricciardi, 1950, p. 2.

refratário à corrupção e ao personalismo egoístico. Porque a política, movida pelo próprio interesse de seus oficiantes, de conquistar a aprovação pública, reflete sempre o grau de moralidade em que se encontra a comunidade a governar.

Em consequência, fica ressaltado o valor positivo que a perspectiva cristã da história reconhece à presença no mundo dos homens não violentos ou dos "profetas desarmados" que se recusam a transigir com as impurezas e exigências práticas da política. Para o cristianismo, realmente, tais homens têm a missão de render um testemunho concreto e atual dos valores meta-históricos que conferem dignidade e sentido transcendente à vida humana. É da sua presença na história, da coragem de seus gestos de recusa, independência e sacrifício, de seus exemplos de desinteresse e de nobreza, de pureza e intransigência, que resulta a tensão dramática entre o plano ético e o plano político, entre a moral e o poder, entre o homem puro e o realista, o pacifista e o homem violento, o iogue e o comissário, na acepção dada por Arthur Koestler a estes dois termos. Deles depende, do seu maior ou menor número, da sua maior ou menor presença efetiva numa determinada sociedade, o nível da moralidade pública, a que não pode ser indiferente, como vimos, a arte da política.

Foi meditando sobre esse problema central da vida humana que o filósofo Paul Ricoeur, depois de acentuar que o Sermão da Montanha diz respeito à nossa história e a toda história, com suas estruturas sociais e políticas, e não apenas a atos privados sem alcance histórico, observou:

> [...] se a não violência deve ser eticamente possível, é preciso colocá-la em curto-circuito com a ação efetiva, efetuada, tal como surge de todas as incidências naturais, pelas quais se elabora uma história humana.[275]

De fato, a não violência, a pureza de intenções, o não conformismo da consciência ética não bastam para fazer a história; sua eficácia eventual resulta, ao contrário, como acentua Ricouer, de uma tensão necessária com a impureza reconhecida de uma violência progressista, vale dizer, com o realismo frequentemente maligno da vontade de poder. São precisamente as resistências opostas pelo inconformismo substancial da consciência ética à voracidade incessante da vontade de poder que, assegurando o dualismo indispensável à preservação da liberdade humana, salvam o homem da falsa e violenta unidade do despotismo. E, graças à sua permanente aspiração a formas superiores de convivência social, restringe a utilização do mal e da violência como instrumentos da técnica política.

275. [...] *si la non-violence doit être éthiquement possible, il faut la mettre en court-circuit avec l'action effective, effectuée, telle qu'elle ressort de toutes les incidences naturelles, par lesquelles s'élabore une histoire humaine.* Paul Ricoeur, *Histoire et Vérité*. Paris: Seuil, 1964, p. 231.

A corrupção política ou o uso do poder para fins particularistas representa sempre uma traição aos fins superiores do bem comum a que uma sadia organização política deve estar ordenada. Não será, porém, com apelos a uma moralidade abstrata – em nome da qual se condene como impura e demoníaca a prática política – que se poderá combater efetivamente a desmoralização política de uma determinada sociedade. O caminho a seguir será antes uma reforma social que restaure aquela identidade de interesses, a que já se referia Maquiavel, entre governantes e governados, e da qual possa renascer aquele perdido senso de missão pública, de serviço à coletividade, no qual se cifram a justificação e o conteúdo ético da política. Pois de uma moral se pode dizer que é viva quando se acha encarnada historicamente em instituições de fato votadas ao bem da comunidade. Sempre que, ao contrário, se estabelece um divórcio entre as categorias éticas e as instituições sociais e políticas, e aquelas passam a representar apenas um moralismo abstrato destituído de ressonância social, é inevitável o advento do aventureirismo, do oportunismo, do imediatismo sem escrúpulos e do cinismo, da corrupção, em suma, da qual a única saída é uma reforma institucional capaz de reintroduzir na organização política substância ética e eficiência prática na promoção do bem comum.

CAPÍTULO DÉCIMO SEXTO

Na mesma época em que, na Itália, Maquiavel realizava sua análise espectral da realidade política, Jean Bodin, na França, colocava também sua inteligência a serviço do absolutismo monárquico, elaborando a teoria político-jurídica da soberania do Estado, definida por ele como "o poder absoluto e perpétuo de uma república". Apesar de, ao contrário de Maquiavel, Bodin submeter o soberano à lei divina e ao direito natural, o resultado prático de suas ideias foi também o de fortalecer a autoridade absoluta do Estado. De fato, para Bodin, o detentor do poder só devia prestar contas de seus deveres de governante a Deus. Ora, aconteceu que o gradual enfraquecimento do ideal religioso veio tornar inócuo esse único freio imposto pelo teorizador da soberania ao absolutismo monárquico; este ficou livre, então, para afirmar-se como um poder tão ilimitado praticamente quanto o poder da concepção maquiavélica.

O politicismo puro de Maquiavel e o conceito da soberania absoluta, fixado por Jean Bodin, geraram, a partir do século XVI, uma ideia de Estado que, embora tenha, a um certo momento, sob o influxo do liberalismo, aceitado internamente as limitações jurídicas dos direitos individuais ao seu poder soberano, tornou inevitável a rejeição, na ordem internacional, de qualquer norma ou pacto institucional susceptível de restringir ou violar o dogma da soberania nacional, considerado atributo essencial à própria existência do Estado. O resultado foi que, apesar de todos os esforços da consciência jurídica universal, a supremacia dos interesses nacionais, garantida pelo poder efetivo da nação, continuou até hoje a constituir a linha fundamental de conduta dos Estados, impossibilitando o estabelecimento de uma ordem jurídica supraestatal e condenando a humanidade às trágicas consequências da luta pelo poder.

Nascido do racionalismo jusnaturalista, que buscou na natureza pura e na razão abstrata argumentos para invalidar os privilégios e as instituições históricas em que se apoiavam a nobreza e o clero, o direito internacional se construiu à base de um logicismo formalista que, por não levar na devida conta as realidades concretas da distribuição do poder entre as nações, se mostrou impotente para assegurar a ordem internacional e impedir o recurso à guerra, todas as vezes em que estiveram em jogo os interesses vitais dos Estados. Esse fracasso do espírito jurídico de criar uma comunidade internacional em que ficasse efetivamente abolido o direito de fazer a guerra, produziu em nossos dias um indisfarçável e generalizado ceticismo com relação às possibilidades de se alcançar uma real disciplina jurídica das relações interestatais. Fez, de outro lado, com que ressurgisse, sob as elaboradas teorias da *real-politik*,[276] a noção fundamentalmente maquiavélica de que só o poder limita o poder.

Se, na vida interna dos Estados, ainda seria possível reconhecer, com certo otimismo, que, nos últimos quatro séculos, o maquiavelismo perdeu terreno, na medida em que a humanidade conseguiu impor à natural e violenta competição pelo poder as disciplinas da ética e do direito, com suas respectivas sanções sociais e legais, já o mesmo não se pode afirmar com relação à política internacional, onde o pensamento de Maquiavel continua a apresentar uma sombria atualidade. Frederico Meinecke[277] observou que a realidade mais terrível e impressionante da história universal está na incapacidade dos homens de darem ao Estado uma perfeita consciência ética capaz de regular suas relações com os demais Estados. Ao passo que, no interior de cada nação, a moral, o direito e o poder agem via de regra harmoniosamente, beneficiando-se reciprocamente dessa cooperação, nas relações internacionais cada Estado procura defender seus direitos e interesses pelos

---

276. Política, ou diplomacia que privilegia considerações pragmáticas e não noções ideológicas.

277. Ob. cit., p. 22, v. I.

meios de que dispõe, não hesitando em recorrer à força todas as vezes que suas necessidades vitais não encontram plena satisfação na normalidade jurídica, e ele não se vê confrontado por um poder superior ao próprio.

A característica central das relações internacionais em nosso tempo é a primazia atribuída ao interesse nacional como fator determinante da conduta externa dos Estados. Não ultrapassamos ainda na prática – em que pese a todas as construções doutrinárias do idealismo jurídico – a concepção política nascida no século de Maquiavel, segundo a qual o Estado, com seus atributos de igualdade e soberania e toda a série clássica de seus direitos fundamentais, não reconhece qualquer valor ou poder superior a si mesmo, e se proclama o único intérprete de seus interesses vitais e juiz exclusivo dos meios a empregar para defendê-los.

Desde que, concentrado todo o poder político nas mãos do rei e afirmada a independência da autoridade secular com relação à Igreja, perfilou-se na história a figura do Estado moderno, juristas e filósofos procuraram encontrar bases e princípios morais e jurídicos, capazes não somente de limitar a onipotência do poder mas também de disciplinar as relações entre Estados que se proclamavam independentes e iguais. Já no século XVI, os juristas-teólogos espanhóis Francisco de Vittoria e Francisco Suarez, com o intuito de conciliar a concepção cristã da unidade do gênero humano com o fato histórico da distribuição do poder entre Estados soberanos, fixaram limites à soberania do Estado, afirmando que esta não podia prevalecer contra os direitos supremos da comunidade universal, e proclamando a existência, ao lado do *jus gentium* comum a todos os homens, de um *jus inter gentes*,[278] destinado a regular as relações entre os diversos Estados.

Entretanto, esse esforço ético-jurídico de impor em nome do direito natural limites à suprema autoridade política não prevaleceu historicamente, no campo das relações internacionais, sobre a concepção do Estado soberano. Este, na verdade, se recusou sistematicamente a aceitar qualquer laço de subordinação a uma comunidade universal ou a uma lei superior, arrogando-se todos os direitos, inclusive o recurso à força na defesa de seus interesses fundamentais. Em tais circunstâncias, o direito internacional que se constituiu, a partir do século XVII, sob a influência do racionalismo jusnaturalista da época, se viu confrontado e desafiado na prática pela supremacia inflexível da "razão de Estado". Impossibilitados de superá-la, os juristas não tiveram outro remédio senão refugiar-se no puro doutrinarismo, o que equivalia a fechar os olhos à realidade política.

278. Direito entre as gentes ou entre os povos. Expressão usada por Francisco de Vitória para designar o direito que regula o relacionamento entre as nações, o que os romanos denominavam *jus gentium*.

Grotius construiu seu sistema de direito das gentes como se não existisse absolutamente nem uma razão de Estado, nem a violência que impele os Estados além dos confins do direito e da moral; como se fosse sempre possível manter as relações recíprocas dos Estados dentro de limites jurídicos e morais.[279]

Trouxe, assim, o direito internacional, de sua origem racionalista, o vício fundamental de se constituir em um sistema abstrato e lógico, em que as relações entre os Estados se definiam segundo regras impecáveis e justas do ponto de vista teórico, mas às quais faltava correspondência histórica com as realidades políticas da competição internacional. À medida que se tornou cada vez mais forte e exclusiva a autoridade do Estado, e a soberania deste último tendeu a se confundir com a maior força e a libertar-se de qualquer norma restritiva, observou o jurista Charles de Visscher,[280] a tradição do direito natural foi se abrigando cada vez mais na pura teoria, abandonada pela prática governamental, para a qual tudo se reduziu finalmente ao poder. Na sua luta pelo poder, as nações modernas davam razão a Hobbes, que afirmara: entre os Estados prevalece ainda o "estado de natureza" onde a força é a única lei dominante.

279. Ob. cit., p. 9, v. II.

280. Charles de Visscher, *Théories et Réalités en Droit International Public*. Paris: A. Pedone, 1953, p. 30.

A reação do positivismo jurídico do século XIX contra aquela concepção puramente racional do direito internacional consistiu em deslocar a ênfase que até então fora colocada na razão como fundamento do direito, para a vontade dos Estados, o que significou separar aquele ramo do direito do direito natural. "A doutrina não somente fará do Estado o destinatário exclusivo de todas as normas, mas ela considerará sua vontade como sendo a única fonte de elaboração destas".[281]

Visscher acrescenta que se a nova orientação teve, de um lado, a inegável vantagem de conferir à técnica jurídica uma grande segurança, pelo fato de tornar mais precisas as obrigações e responsabilidades dos Estados, por outra parte uma tal sistematização jurídica em torno do Estado só foi alcançada à custa do sacrifício da ideia de uma ordem objetiva a uma concepção inteiramente formal do direito internacional: "ela relegará para além do direito as considerações superiores de razão, de justiça, de utilidade comum que são seu fundamento essencial".[282]

---

281. *Non seulement la doctrine fera de l'Etat le destinataire exclusif de toutes les normes, mais elle envisagera sa volonté comme la source unique de leur élaboration.* Ob. cit., p. 35.

282. *[...] elle reléguera au-delà du droit les considérations supérieures de raison, de justice, d'utilité commune qui en sont le fondement essentiel.* Ob. cit., p. 33.

O século XVIII já tornara ainda maior o poder político investindo a "razão de Estado" de um conteúdo moral, identificando o bem do Estado com o bem absoluto, e conferindo assim uma base ética à noção da ilimitação da soberania política. No século XIX, caberia a Hegel proclamar o Estado a síntese da vida moral, a mais alta manifestação do espírito, uma entidade extrapessoal cuja vocação histórica só poderia ser realizada através do absolutismo governamental.

A solução que os estadistas e diplomatas do século XIX encontraram para evitar que, partindo de premissas tão evidentemente hostis a qualquer forma de solidariedade internacional, o mundo caísse numa anarquia individualista, foi a política do equilíbrio do poder, à qual o Congresso de Viena veio acrescentar o "espírito de moderação". Tratava-se, porém, de um sistema artificial, consistente num mero equilíbrio mecânico de forças, o qual se revelaria incapaz de resistir à pressão do nacionalismo e da revolução industrial e capitalista. Destruída a política do equilíbrio pela entrada em cena de novos interesses que reacenderam através do mundo a competição internacional, e que se chocaram na expansão imperialista das grandes potências, sucedeu-lhe a política de coalizões, de que resultaram finalmente as conflagrações mundiais do nosso século.

A tentativa feita, ao encerrar-se a Primeira Guerra Mundial, de organizar uma Sociedade das Nações capaz de garantir a paz no mundo, falhou, entre outras razões, pelo fato de ter buscado inspiração no otimismo intelectualista herdado do século XVIII pelo liberalismo democrático, o qual depositava uma confiança excessiva na infalibilidade da razão humana aplicada à definição das regras da vida social. Essa ideologia racionalista e utilitarista, que acreditava na harmonia natural dos interesses, e de que Wilson se fez o mais fervoroso apologista, se apoiava na convicção, como notou George Kennan, de que seria possível suprimir as aspirações caóticas e explosivas dos governos no campo internacional mediante a aceitação de um sistema de normas e restrições jurídicas. Kennan, a quem devemos uma lúcida crítica do tratamento jurídico-moralista dos assuntos internacionais, acrescenta que a ideia da subordinação de um grande número de Estados a um regime jurídico internacional que limite suas possibilidades de agressão recíproca, pressupõe que todos os Estados se achem razoavelmente satisfeitos com suas fronteiras e status internacionais, pelo menos a ponto de se absterem de promover uma transformação qualquer no *status quo* sem um prévio acordo internacional. Na verdade, porém, isto só acontece com uma parte da sociedade internacional.

Tenderemos a subestimar a violência dos desajustes nacionais e dos descontentamentos nas demais partes do mundo se acreditarmos que [tais questões] sempre aparentam ser, aos outros, menos importantes do que a presunção de um asseio jurídico na vida internacional.[283]

Os fatos que levaram a Sociedade das Nações à ruina e conduziram à Segunda Guerra Mundial serviram para provar que o irracionalismo político contemporâneo, encarnado nos mitos nacionalistas, não poderá ser contido ou anulado por fórmulas jurídicas abstratas que ignorem os desajustamentos e insatisfações políticas, e que sejam manipuladas para estabilizar a sociedade internacional em termos favoráveis apenas aos interessados na manutenção do *status quo*.

À raiz do não funcionamento efetivo das Nações Unidas se encontra o fato de que não foi possível, ao conceber a nova organização, eliminar o conceito de soberania que é defendido zelosamente por todos os Estados-membros. As disposições da Carta da ONU, escreve De Visscher, não alteraram o poder discricionário que os Estados se arrogam com relação aos seus interesses que consideram vitais, nem

---

283. *We tend to understimate the violence of national maladjustments and discontents elsewhere in the world if we think that they would always appear to other people as less important than the presumption of the juridical tideness of international life.* George Kennan, *American Diplomacy*. Chicago: The University of Chicago Press, 1951, p. 97.

tampouco têm impedido que os Estados procurem sistematicamente na ideia da "competência exclusiva" ou da "competência nacional" uma proteção contra a intervenção dos órgãos internacionais.[284] Experiência que indica claramente não ser ainda a comunidade internacional mais do que um postulado da razão jurídica e não uma realidade histórica. O mundo, de fato, continua a ser dominado pela presença do Estado-nação, que ocupa o ponto mais alto na escala dos valores éticos e emocionais, capazes de empolgar a consciência da maioria esmagadora dos homens.

Se o direito internacional, de base jusnaturalista, perdeu de vista inteiramente, por excesso racionalista, a realidade política, o positivismo jurídico do século XIX abdicou totalmente diante da figura do Estado soberano,

> [...] fazendo depender o caráter obrigatório das normas jurídicas não de uma conformidade com considerações superiores de razão, de justiça ou de bem comum, mas exclusivamente da circunstância de que elas encontram sua expressão num fato exterior tangível: o seu reconhecimento e observância efetivos pelos Estados.[285]

284. Ob. cit., p. 133.
285. Ob. cit., p. 71.

O pensamento jurídico do século XIX se caracterizou pela negação geral do direito natural, limitando os positivistas aos tratados e ao costume as fontes do direito internacional positivo. Essa orientação positivista continua a prevalecer na jurisprudência moderna, como o mostra Marcel Sibert no seu *Tratado de direito internacional público*.[286]

Não caberia, nos limites deste ensaio, examinar as várias teorias jurídicas que se propuseram encontrar uma solução para a flagrante contradição existente entre a noção de Estado soberano e a de uma comunidade internacional. Mas conviria lembrar que toda a estrutura científica do direito internacional repousa na ideia da soberania do Estado, e que mesmo a orientação mais moderna, tendente a considerar a soberania apenas "o poder de se mover livremente nos limites fixados pelo direito", não resolve substancialmente o problema, desde que a eficácia dos limites jurídicos à ação do Estado depende, em última análise, de um ato soberano de vontade do próprio Estado.

Diante de um tal dilema, que está a nos mostrar quão pouco a humanidade avançou, desde o tempo de Maquiavel, no sentido de submeter o poder político do Estado a fins humanos e universais, resta saber que posição devere-

286. Marcel Sibert, *Traité de Droit International Public*. Paris: Dalloz, 1951.

mos assumir, no atual contexto histórico, que não represente nem uma simples evasão rumo à esfera abstrata do direito puro, nem, tampouco, uma submissão pessimista às realidades cegas da luta pelo poder. Quer-nos parecer, antes de mais nada, que uma política exterior, qualquer que ela seja, não pode senão partir de uma consciência fria e desapaixonada dos termos em que se define, numa determinada situação histórica, a competição internacional. O que o momento atual nos indica é que, sob o influxo de causas diversas, deixou na realidade de existir o tradicional sistema de Estados que possibilitava a cada nação uma relativa flexibilidade de movimentos, e que o cenário mundial passou a ser *dominado* pela presença de duas superpotências, nas quais se concentra uma soma jamais conhecida de poder, e das quais depende hoje o destino do mundo.

Em tais circunstâncias, não será exagero dizer que soou com certo atraso a justa advertência dos juristas que preconizam uma revisão do conceito de soberania, pois esta – à medida que supõe um lastro de poder efetivo para manter-se íntegra – já foi praticamente abolida pela bipolarização contemporânea do poder político, subsistindo tão somente como uma ficção jurídica ou um valor emocional na maioria das nações, ou, se quisermos, hipertrofiada ao máximo nos dois detentores supremos do poder bélico mundial.

A limitação verdadeiramente necessária e sem a qual não se poderá criar uma comunidade internacional efetivamente operante seria a limitação da soberania dos atuais detentores máximos do poder. Nada indica, porém, na presente conjuntura, que tal possibilidade exista ou que qualquer das duas superpotências esteja disposta a dar o primeiro passo no sentido de sacrificar o próprio interesse nacional a um valor superior que seria, no caso, a paz e a segurança da humanidade. O que se verifica, ao contrário, é que uma e outra consideram o seu interesse nacional a regra suprema de sua conduta internacional.

Escreve Hans J. Morgenthau, um dos teóricos mais reputados do realismo político contemporâneo:

> Seria tolice e moralmente equivocado, pedir a uma nação que abra mão de seus interesses nacionais não pelo bem de uma sociedade de reconhecida superioridade moral, mas por uma quimera.[287]

Por maiores que sejam as diferenças ideológicas e processos políticos que distinguem os dois contendores pelo

---

287. *It would be foolish and morally wrong to ask a nation to forego its national interests not for the good of a society with a superior moral claim but for a chimera.* Hans J. Morgenthau, *In Defense of the National Interest.* Nova Iorque: A. Knopf, 1951, p. 36.

poder político mundial, o fato indiscutível é que, na prática, ambos se comportam como se partissem da convicção de que a fonte da moral e do direito é a vontade do Estado ou, na melhor das hipóteses, de que há uma identificação perfeita entre o interesse nacional e os imperativos éticos e jurídicos. Não seria, de fato, lícito ou realista esperar que nações conscientes de seu poder e imbuídas do sentimento de uma missão histórica a cumprir tomassem espontaneamente a iniciativa de sacrificar seus objetivos políticos e ideológicos à ideia de uma ainda tão problemática comunidade internacional. Nenhum outro poder existe no momento capaz de convencê-las de que devem limitar a própria expansão a não ser o medo da destruição recíproca, desde que entre ambas foi alcançada a paridade em matéria de armas nucleares.

Maquiavel e Hobbes afirmaram que a sociedade política nasceu do desejo de segurança e do medo da morte violenta que sentiram os homens primitivos. Ao considerarmos a presente situação do mundo, não nos parece possível esperar, a menos que se queira pensar com o próprio desejo e não com a razão objetiva, outra solução para o presente impasse, senão a de que o imperativo de segurança e o medo da destruição mútua se aliem para estabelecer um clima de convivência do qual, talvez, possa evoluir no futuro uma verdadeira comunidade internacional, ordenada segundo finalidades humanas e universais. Pois o mundo parece estar querendo dar mais uma vez razão a Maquiavel: "os homens nunca fazem nenhum bem, a não ser por necessidade".[288]

Uma política exterior não se pode fundar em normas abstratas e aspirações mais ou menos utópicas: deve, ao contrário, partir da consideração dos dados históricos e das lições da experiência atual, para melhor promover o interesse nacional. A propósito, Morgenthau observa que não se trata de escolher entre princípios morais universais e um interesse nacional vazio de dignidade moral, mas entre princípios éticos divorciados da realidade e princípios éticos derivados da realidade. O que, em linguagem maquiavélica, seria assim traduzido: uma política exterior deve basear-se na "verdade efetiva da coisa" e não "no imaginá-la",[289] isto é, seus fundamentos hão de ser a real distribuição de poder no mundo e não esquemas jurídicos abstratos e acadêmicos.

Uma visão realista do mundo atual nos revela que viveremos por muito tempo ainda expostos aos azares catastróficos de um sistema internacional que se limita a buscar paliativos inoperantes para seus males profundos, sem capacidade de atacar a causa real de sua instabilidade anárquica, a qual consiste no culto da soberania e do poder

288. [...] *gli uomini non operano mai nulla bene se non per necessità.*

289. [...] *verità effettuale della cosa* e não *na immaginazione di essa* [...]

nacional. As experiências mais recentes têm demonstrado claramente que o sistema de segurança coletiva não oferece garantias reais para a manutenção da paz, devido à impossibilidade prática de um grupo de Estados exercer coação efetiva sobre um Estado sem provocar precisamente o que pretendia evitar, isto é, a guerra. As alternativas que restam – a abolição da multiplicidade dos Estados mediante o domínio universal de um único superestado ou a união de todos os Estados numa federação mundial – são soluções que apresentam dificuldades práticas que não parecem superáveis em futuro próximo. A primeira choca-se, desde logo, com a consciência nacionalista dos povos, que hoje se acha mais do que nunca exasperada devido sobretudo "à deificação antropomórfica da nação-Estado"; a segunda se classifica entre as utopias modernas (ainda que se aceite a veracidade do dito lamartiniano de que "as utopias são apenas verdades prematuras"), pois implicam, como mostra um de seus apologistas, Frederico Schuman, a renúncia a certos valores que os homens parecem prezar mais do que a própria paz: soberania, independência, patriotismo, vaidade nacional e "todos os ritos e sacrifícios de seus deuses tribais".

O fato de que todos esses valores preciosos seriam reduzidos a pó na eventualidade de uma terceira guerra mundial não bastou para impedir que homens em todo lugar empreendessem ações em sua defesa, ou acreditando serem em sua defesa – e, desse modo, muito provavelmente, tenham tornado inevitável a sua destruição.[290]

Já não resta mais dúvida de que assistimos hoje ao encerrar-se de um ciclo histórico que se iniciou pela afirmação do Estado moderno, soberano e secular – na hora mesma em que Maquiavel formulou seu pensamento político – e que ora atinge a sua fase crítica sob a forma pré-catastrófica da bipolarização mundial do poder. As superpotências, que dominam presentemente a política internacional, representam, na verdade, o ponto de saturação de um sistema político que, baseado na competição anárquica de unidades nacionais soberanas, por definição incompatíveis com a organização de uma verdadeira comunidade internacional, gerou sua própria destruição, reduzindo a maioria das nações de sujeitos da política internacional a meros objetos ou simples posições estratégicas na luta pelo domínio do mundo.

Tudo indica que esse processo de esvaziamento progressivo do conteúdo de poder da soberania dos Estados

---

290. *That all these cherished values would become as dust in the event of World War III was not enough to prevent men everywhere from acting in their defense, or what they believed to be their defense – and thereby, in all likelihood, rendering their destruction inevitable.* Frederick Schuman, *International Politicis.* Nova Iorque: Mc Graw-Hill, 1948.

modernos é de natureza irreversível, e que será inútil confiar numa restauração do velho sistema de equilíbrio de entidades nacionais soberanas. A solução teórica da atual crise não se encontra, sem dúvida, num retorno ao otimismo liberal do século XIX, mas na conquista e efetivação de uma concepção de convivência política de sentido universal e humano, a qual supere historicamente a etapa nacionalista. Sob esse aspecto, o pensamento de Maquiavel vive hoje sua hora crepuscular, depois de haver sido provada, tão tragicamente, em nosso tempo, a virulência irracional de uma concepção puramente técnica da política e da deificação do poder nacional.

Seria, porém, impossível deixar de ver as fortes resistências que ainda se opõem a qualquer plano de integração política que supere o conceito de Estado-nação – resistências que vão desde o inegável nacionalismo dos povos que já alcançaram o ponto mais alto de seu poder, e que ora se opõem através do mundo, imbuídos de um senso de missão universal, até o nacionalismo dos que, em diferentes fases de desenvolvimento social, político e econômico, lutam ainda por se realizar como nação, não parecendo dispostos a renunciar a uma experiência histórica, cujos termos fundamentais – Estado soberano e poder nacional – já foram mais de uma vez provados fatais à humanidade. Estaríamos sendo utópicos se esperássemos que fórmulas jurídicas abstratas ou planos políticos de integração po-

lítica de base supranacional viessem a remover proximamente a poderosa carga emocional que o nacionalismo
ainda representa através do mundo. A experiência histórica e a realidade contemporânea lamentavelmente não nos
autorizam a esperar para um futuro próximo um desmen-
tido de fato à afirmação realista de Hans J. Morgenthau:
"a política internacional é, necessariamente, uma política
de poder".[291]

Num mundo destinado, assim, a viver, talvez indefinidamente, sob a lei implacável da competição entre nações
que insistem em proclamar e defender a supremacia do
interesse nacional, mesmo depois de perdida, sob a dura
lição dos fatos, a crença liberal na harmonia natural dos
interesses; num mundo dividido e lacerado pelo egoísmo,
pela ambição, pela rivalidade e pela suspeita, no qual tanto a política interna quanto a política internacional continuam a se definir em termos da luta pelo poder – a figura
de Nicolau Maquiavel permanece viva e atual, sorrindo o
seu ambíguo sorriso de sempre, ele que não fugiu à verificação de que o mal se acha inextricavelmente associado à
história humana, ele que formulou seu pensamento, rico
de antecipações e intuições proféticas, no momento em
que nascia o Estado moderno, cuja afirmação crescente

291. [...] *international politics is of necessity power politics.* Hans J. Morgenthau, *Politics among nations.* Nova Iorque: A. Knopf, 1950, p. 15.

foi a constante dos últimos quatro séculos, ele, enfim, que soube observar, ainda no nascedouro, a eclosão das forças sociais e das paixões políticas que ainda hoje se agitam e se chocam sob o nosso olhar inquieto e à procura de luz.

CONCLUSÕES

Será fácil dizer hoje, com o lastro de quatro séculos de evolução cultural e política, que Maquiavel errou ao hipertrofiar o valor da política e o alcance da autoridade do Estado; que ele não soube ou não pôde reconhecer a independência da consciência moral do homem e a existência de direitos individuais invioláveis; e que suas premissas políticas, retomadas entre outros por Hobbes e Hegel, trouxeram o mundo até o paroxismo totalitário. É preciso considerar, porém, que ele, assim pensando, não fazia senão interpretar uma tendência fundamental de sua época, na qual a formação do absolutismo estatal gerava uma crescente valorização da política secular e era acompanhada por uma decadência visível da moral tradicional e da religião, fatos que não deixavam de repercutir na própria Igreja, dirigida então por pontífices mais preocupados em promover, por todos os meios, os interesses temporais do papado do que propriamente zelar pelos valores espirituais da cristandade.

Maquiavel teve, mais do que ninguém, uma intuição profunda do sentido central em que se movia politicamente a Europa no século XVI, interpretou com lucidez invulgar os signos da condenação histórica que marca-vam as velhas instituições políticas herdadas do feuda-lismo medieval, e pressentiu profeticamente os grandes lineamentos básicos do Estado moderno. Mas, de outro lado, a imagem deste último, na sua grandeza mundana e poder secular, de tal maneira o ofuscou, que seu olhar não pôde perceber os demais valores humanos colocados fora ou além da órbita política.

Estribado em uma concepção naturalista da vida e num método de conhecimento meramente empírico, faltou es-sencialmente a Maquiavel fé na eficácia social da consci-ência ética do homem. Não acreditou ele na possibilidade de opor à realidade dos fatos naturais e instintivos normas morais supraempíricas, capazes de gerar uma forma mais alta de civilização e de convivência social. Há em Maquia-vel, fruto de seu semifatalismo e do seu desconhecimento da ideia da perfectibilidade humana, que o fizeram acor-rentar o homem às obscuras forças da natureza, um con-formismo pessimista diante do mal presente na história, o que explica a frieza, para nós tão chocante, com que ele descreve as ações imorais ou cruéis de seus celebrados heróis ou preceitua regras de conduta política manifesta-mente desumanas.

O erro de Maquiavel, como bem viu Luigi Russo, não foi o de ter fixado as leis da política, mas o de ter deixado suspeitar que para ele toda a vida do espírito humano se reduzia exclusivamente à pura técnica política. Esta, de fato, a limitação básica do pensamento maquiavélico, nas palavras daquele eminente crítico:

[...] a política não é toda a vida do espírito humano, mas somente um momento dele. O enérgico politicismo puro de Maquiavel serve para redimir o homem de sua inércia e de seu afeminamento, mas ele não esgota os problemas do homem, e, ao contrário, na tentativa falaz de querer resolvê-los totalmente "sob o aspecto da utilidade",[292] corrompe a própria " *virtù*-príncipe" da nova religião.[293]

A política não é certamente uma realidade absoluta e exclusiva, mas nem por isso a lição de Maquiavel quanto à sua natureza e técnica deixa de ser válida: na verdade, ela subsistiu intacta através dos séculos, desafiando ainda hoje o nosso espírito a solver o terrível dilema que a irremovível presença da política no mundo impõe à nossa consciência ética.

Se descontarmos tudo o que na obra do secretário florentino se pode explicar pelos costumes violentos e extremados da época renascentista, não há dúvida de que ela nos coloca diante de uma visão supremamente aguda da conduta política, uma visão de sempre viva atualidade, à

292. [...] *sub specie utilitatis* [...].

293. Ob. cit., p. 213.

medida que reflete o que há de permanente na natureza humana, e que não seria razoável nem prudente refutar com alegações puramente moralistas.

Villari percebeu bem a agudeza do problema ao dizer que, por mais estranho que pareça, um retorno às doutrinas e ao método de Maquiavel era necessário para se encontrar um fundamento e uma orientação segura à honestidade política. Estava Villari bem consciente de tudo o que há de monstruoso na concepção política maquiavélica, mas também de tudo o que há nela de verdadeiro.

> Continuamente se passa do mais profundo desgosto, às vezes até do horror, à mais sincera admiração... nos repugna a imoralidade de seus preceitos, nos fascina e nos deixa admirados a verdade das suas observações.[294]

Argumentava ele porém, não obstante ser um espírito de convicções muito mais savonarolianas do que maquiavélicas, que a mera reiteração de que a moral é una, que os negócios públicos devem ser regidos pelas mesmas regras da moral privada, que a política e a diplomacia devem basear-se na lealdade, leva a uma consequência inaceitável,

294. *Si passa continuamente dal più profondo disgusto, qualche volta anche orrore, alia più sincera ammirazione... ci ripugna la immoralità dei suoi precetti, ci affascina e ci lascia ammirati la verità delle sue osservazione.* Pasquale Villari. Ob. cit., p. 341, v. II.

isto é, conduz à impotência ou ao isolamento, em face da insubmissão da realidade a deixar-se domar por preceitos morais abstratos. Maquiavel teve o grande mérito, frisava Villari, de haver enfrentado o problema político sem disfarces doutrinários, capazes de desfigurá-lo de início e de haver encarado pela primeira vez os fenômenos da sociedade e da história como fenômenos da natureza, procurando descobrir suas leis e relações, objetivamente, livre de abstrações utópicas e conceitos aprioristicos – atitude esta que lhe permitiu lançar as bases da ciência política moderna.[295]

Não será realmente escamoteando a verdadeira e, por tantos aspectos, rude natureza da política que chegaremos a encontrar uma solução para a antinomia entre ela e a moral: qualquer especulação em tal sentido, que aspire a ser mais do que um mero exercício intelectual socialmente inócuo, deverá tomar como base o método maquiavélico de conhecimento da realidade política, ainda que seja para posteriormente completá-lo. Só a partir dele, porém, só levando em conta realisticamente os fatores integrantes do fato político e da dinâmica do poder é que chegaremos, talvez, a harmonizar as aspirações éticas da humanidade com as exigências concretas do jogo político.

295. Ob. cit., p. 340, v. II.

É certo que o método empírico-indutivo de Maquiavel, consistente em levar tão somente em conta aquilo que é susceptível de observação e experiência, ou em suas próprias palavras, "verdade efetiva da coisa",[296] se ressente de uma óbvia limitação, na medida em que lhe falta o espírito lógico-dedutivo, necessário para completar e retificar nosso conhecimento da realidade, incorporando ao mundo dos valores empíricos os valores espirituais e morais que, pela sua própria natureza, refogem àquele plano positivo e experimental em que se concentra e demora o olhar do observador realista. Entretanto, não há dúvida de que tal método possui a grande virtude de permitir, como permitiu a Maquiavel, alcançar um conhecimento minucioso e quase anatômico da natureza real da política, concebida como uma técnica utilitária posta a serviço dos fins do Estado. Técnica que o homem político, particularmente quando investido das responsabilidades do poder público, há de conhecer e dominar da melhor maneira, a fim de bem cumprir sua missão última que consiste em promover o bem comum.

Maquiavel foi e será sempre o intérprete magistral do "homem político",[297] mas o unilateralismo patente de seu pensamento o levou a conceber o poder como um fato puramente político, fechado em si mesmo, dotado de fins

296. [...] *la verità effettuale della cosa* [...].
297. [...] *homo politicus* [...].

imanentes e, por isso mesmo, autorizado a escolher discricionariamente os meios necessários à sua própria preservação ou engrandecimento. A consequência de semelhante politicismo integral é que a moral, a religião e o direito passaram a ser considerados realidades ancilares com relação ao Estado, o "deus mortal", como dizia Hobbes, todo-poderoso e absorvente, encarnação suprema do poder, o qual não reconhece qualquer finalidade ou autoridade que se lhe oponha ou o transcenda. Uma tal concepção puramente política do poder, segundo a qual o Estado não existe para servir a fins humanos extrapolíticos, mas encontra sua razão de ser na própria existência e expansão, veio culminar em nosso tempo no Leviatã totalitário, depois de um longo processo histórico em que foram sendo sucessivamente transpostas as barreiras que a religião, a ética e o direito procuravam opor à marcha avassaladora do poder estatal.

A fraqueza fundamental do pensamento maquiavélico está em que lhe falta um substrato ético transcendente, isto é, uma noção universal do bem, sem a qual não se pode conceber e definir o próprio bem da pátria que Maquiavel colocou como o fim supremo da política, e que tende assim a confundir-se com o bem do eventual titular do poder, tantas vezes em contraste com o bem da coletividade.

Desde que não se reconheçam, na verdade, como é o caso de Maquiavel, objetivos extrapolíticos a que o Estado deva se subordinar, nada mais resta senão a conquista e a expansão contínua do poder, com limitações meramente táticas e conveniências apenas estratégicas; dentro de semelhante concepção estritamente técnica da política, o poder passa a ser, de um valor instrumental para a realização do bem comum, uma finalidade em si mesma, absorvente e exclusiva, com imprevisíveis consequências para a comunidade.

A este propósito, vale lembrar uma observação de Ernst Cassirer: distinguiu este filósofo entre o pensamento de Maquiavel e o maquiavelismo, dizendo que há muitas coisas neste último que não podiam ser previstas pelo escritor. Maquiavel formulou suas ideias com base na sua experiência pessoal de secretário florentino e tendo como campo de observação a ascensão e o declínio dos "novos principados". O que eram, porém, as pequenas tiranias italianas do *Cinquecento*, pergunta Cassirer, comparadas com as monarquias absolutas do século XVII e as modernas formas de ditadura? E acrescenta:

> [...] o maquiavelismo revelou sua verdadeira face e seu perigo real quando seus princípios foram mais tarde aplicados a um cenário mais amplo e a condições políticas inteiramente novas. Nesse sentido, podemos dizer que as consequências da teoria maquiavélica só se revelaram em nossa época. Diríamos que hoje em dia é possível estudar o maquiavelismo com uma lente de aumento.[298]

298. Ernst Cassirer, *The Myth of the State*. Garden City: Doubleday, 1955, p. 175.

Tudo o que temos visto em nossa época, em matéria de violência, de crueldade e de terror – organizados racionalmente como técnicas demoníacas de domínio político –, bem como a corrupção e o imoralismo que se tem alastrado nas modernas sociedades de massas bastam para evidenciar que a política não pode ser a medida de todas as coisas, que o êxito na conquista e preservação do poder não é suficiente para justificar moralmente um político (na medida em que seu preço pode ter sido a deterioração das bases éticas que devem sustentar a sociedade); e que, finalmente, a atividade política só ganha sentido humano e criador de civilização quando se submete a finalidades éticas e limitações jurídicas que a transcendam. Pois, caso contrário, só nos restará a alternativa entre o cinismo individualista e a opressão totalitária, entre o primado anárquico do *eu*, que se recusa a sobrepor o bem da comunidade ao seu próprio interesse, e o primado autoritário do Estado, que se erige em intérprete supremo do direito e da moral.

BIBLIOGRAFIA

✣ ALLEN, J. W. *A history of Political thought in the Sixteenth Century*. Londres: Methuen, 1951.
✣ ANTONI, CARLO. *Commento a Croce*. Veneza: Neri Pozza, 1955.
✣ BENOIST, CHARLES. *Le Machiavéllisme*. Paris: Plon, 1936, 3 v.
✣ BURCKHARDT, JACOB. *The Civilization of the Renaissance in Italy*, tradução S. G. C. Middlemore. Oxford e Londres: Phaidon, 1945.
✣ CASSIRER, ERNEST. *The Myth of the State*. Nova Iorque: Doubleday, 1955.
✣ CHEVALIER, JEAN JACQUES. *Les grandes oeuvres politiques*. Paris: Armand Colin, 1952.
✣ CROCE, BENEDETTO. *Etica e Politica*. Bari: Laterza & Figli, 1945.
✣ DE SANCTIS, FRANCESCO. *Storia della Letteratura italiana*. Milão: La Universale Barion, 1946, 2 v.
—. *Saggi Critici*, organizador Luigi Russo. Bari: Laterza & Figli, 1953, v. II.
✣ DE VISSCHER, CHARLES. *Théorie et réalités en droit international public*. Paris: A. Pedone, 1953.
✣ ERCOLE, FRANCESCO. *La Politica di Machiavelli*. Roma: Anonima Romana, 1926.
✣ GILMORE, MYRON P. *The World of humanism*. Nova Iorque: Harper & Brothers, 1952.
✣ KENNAN, GEORGE F. *American Diplomacy*. Chicago: The University of Chicago Press, 1951.
✣ MACHIAVELLI, NICCOLÒ. *Il Principe*, edição L. Arthur Burd, introdução Lord Acton. Oxford: Clarendon Press, 1891.

—. *Il Principe*, 12ª ed., introdução e notas Luigi Russo, Florença: Sansoni, 1951.

✣ MEINECKE, FEDERICO. *L'idea della ragion di stato nella storia moderna*, tradução D. Scolari a partir da última edição alemã. Florença: Vallecchi, 1944, 2 v.

✣ MORGENTHAU, HANS J. *In defense of the National Interest*. Nova Iorque: A. Knopf, 1951.

—. *Politics among Nations*. Nova Iorque: A. Knopf, 1950.

✣ PREZZOLINI, GIUSEPPE. *Machiavelli anticristo*. Roma: Gherardo Casini, 1954.

✣ RIDOLFI, ROBERTO. *Vita di Niccolò Machiavelli*. Roma: Belardetti, 1954.

✣ RUSSO, LUIGI. *Machiavelli*. Bari: Laterza & Figli, 1949.

✣ SABINE, GEORGE H. *A history of political theory*. Nova Iorque: Henry Holt, 1946.

✣ SCHUMAN, FREDERICK L. *International Politics*. Nova Iorque: Mc Graw-Hill, 1948.

✣ SPIRITO, UGO. *Machiavelli e Guicciardini*. Roma: Leonardo, 1945.

✣ TOMMASINI, ORESTE. *La vita e gli scritti di Niccolò Machiavelli nella loro relazione col machiavellismo*. Roma/Turim/Florença: Loescher, 1883, 3 v.

—. *Tutte le Opere di Niccolò Machiavelli*. Florença: Borghi, 1833.

—. *Tutte le Opere di Niccolò Machiavelli*, organização Francesco Flora e Carlo Cordie. Milão: Mondadori, 1950.

✣ VILLARI, PASQUALE. *Niccolò Machiavelli e i suoi tempi*. Florença: Le Monnier, 1877, 3 v.

APÊNDICE

MAQUIAVEL E O PENSAMENTO POLÍTICO[1]

Lauro Escorel

HÁ MAIS DE CEM ANOS, observa o politólogo Julien Freund, que se anuncia o perecimento do Estado e o fim da política, sob o argumento ideológico de que semelhante declínio corresponde a uma exigência da filosofia da história; mas, não somente constatamos a permanência da atividade política e o fortalecimento do Estado, como também, mais do que nunca, nosso destino temporal depende hoje de uma decisão crucial da vontade política, desde que o aparecimento da arma termonuclear passou a constituir uma ameaça de aniquilamento de quase toda a humanidade.

Não se trata, portanto, de um debate puramente acadêmico analisar hoje em dia a significação da política, sua natureza real, seus objetivos e finalidades, bem como suas

---

1. Conferência na Universidade de Brasília em seminário sobre Maquiavel, 1980.

exigências e limitações, uma vez que será no seu domínio ambíguo, conflitivo e dramático que se decidirá o desenlace do atual ciclo histórico.

Ganha, assim, particular significação esta semana dedicada a Maquiavel pela Universidade de Brasília, uma vez que, em matéria de reflexão sobre a natureza da ação política, podemos dizer que começamos como Maquiavel, na medida em que foi ele o primeiro, no limiar do Renascimento italiano, a concentrar sua inteligência privilegiada na prática política do passado e da sua própria época, revelando o avesso real e oculto do tecido da política, que até então fora apresentada apenas na sua aparência idealista ou utópica, com uma túnica inconsútil, sem manchas, remendos e rasgões...

Não se trata obviamente de menosprezar a contribuição dos teóricos e utopistas, que antes e depois de Maquiavel se preocuparam em formular os princípios e as bases ideais do governo ótimo. Sua contribuição é fundamental para uma concepção integral da política, que não se esgota na pura técnica, mas que depende de normas e valores que só a especulação filosófica lhe pode proporcionar, como pressupostos éticos necessários para definir a significação e a finalidade última da ação política.

Quando digo, portanto, que partimos de Maquiavel, quero significar apenas que, na sua obra inovadora, encontraremos um conhecimento minucioso e anatômico da natureza real da *praxis* política, concebida como uma técnica utilitária posta a serviço do *homo politicus* e dos fins do Estado; mas este conhecimento prático deve ser complementado pela reflexão filosófica, sem a qual a política ficará reduzida a uma estéril luta pelo poder, destituída de finalidade ética e de grandeza histórica.

Relacionar Maquiavel com o pensamento político, como nos propõe o tema desta conferência, significa no fundo contrapor o seu realismo de analista clarividente e implacável à corrente teórica dos pensadores ocidentais que, da Antiguidade greco-romana aos nossos dias, imaginaram regimes políticos, capazes de promover da melhor maneira a concórdia interna e a segurança externa das nações, com base na ideia do direito.

Maquiavel se apresenta, no limiar da época moderna, como o mestre, por excelência, do realismo político. Posição esta que veio não apenas contrapor-se à tradição escolástica dos tratados especulativos da tradição clássica e medieval e das utopias renascentistas, mas, também, contrariar a tendência natural da humanidade para idealizar a realidade da competição política e conceber esquemas utópicos, que acenem com a esperança de um futuro paraíso terreno ou celestial.

Nesta tentativa de situar e caracterizar a obra de Maquiavel na história do pensamento ocidental, conviria assinalar, antes de mais nada, o caráter não sistemático do seu discurso político, que se serviu da história antiga e da observação da atualidade renascentista como fontes de seus aforismos lapidares e de suas agudas observações sobre a natureza humana e sobre as exigências da ação política, que supõe a aceitação e a utilização do mal.

Mediante a observação empírica e desapaixonada da prática política real, Maquiavel desvendou as entranhas da política e focalizou a trama cruel, violenta e amoral da luta pelo poder, convencido de que "quem deixa o que se faz pelo que deveria ser feito, arrisca a ruína e não a própria preservação".[2]

Maquiavel, que desempenhou durante 14 anos as funções de segundo secretário da Chancelaria de Florença, tem muito do burocrata, na sua maneira de focalizar o fenômeno político. O enfoque burocrático da política, observa Edward Carr, é fundamentalmente empírico. O burocrata, ao contrário do intelectual, encara cada problema particular no seu próprio mérito, evitando a formulação de princípios gerais e elegendo intuitivamente o melhor caminho, apoiado mais na experiência do que no raciocínio doutrinário. Para o burocrata há apenas casos específicos, que devem ser tratados à base dos antecedentes e da tradição. Sua posição tende a ser conservadora, rígida

---

2. [...] *colui che lascia quello che si fa per quello che si doverebbe fare, impara piuttosto la ruina che la preservacione sua.*

e formalista. O burocrata tende a fazer da política um fim em si mesma, ao passo que o intelectual se obstina em formular princípios gerais e a conceber teorias que atribuem à política um valor instrumental, destinado a servir aos fins da doutrina ou da ideologia. Para o burocrata, o intelectual é um visionário irrealista; para o intelectual, o burocrata é um rotineiro estéril que defende o *status quo*.

Max Weber ensina que o aparecimento da burocracia representa o germe do Estado moderno ocidental. A administração burocrática é ideologicamente neutra: funciona para a revolução triunfante ou o inimigo em ocupação, como funcionava para o governo legal.

Este caráter do burocrata é que explica a atitude de Maquiavel que, caída a república e reinstalados no poder os Medici, julgou natural ser mantido nas suas funções na chancelaria florentina. Considerava-se Maquiavel um burocrata que prestara lealmente serviços a Florença, sob o governo republicano, e que poderia continuar a servi-la, com a mesma eficiência e lealdade, sob o novo regime. Seu afastamento forçado da chancelaria o deixou profundamente chocado e deprimido.

Maquiavel, funcionário público e diplomata, foi, de fato, um burocrata, mas um burocrata genial e *sui generis*, porque, além de ser dotado de uma inteligência invulgar e de uma argúcia diplomática incomum, possuía também uma dimensão imaginária e utópica, que o levou não apenas a recriar livremente certos personagens históricos, como Cesar Borgia, como também a projetar no futuro a visão de uma Itália livre e unificada.

Seu estilo de pensar, no entanto, estava baseado no método empírico e indutivo do burocrata, que o levava a descartar os apriorismos doutrinários, metafísicos ou teológicos, mantendo-se sempre amarrado aos antecedentes da história clássica e da observação fria e meticulosa da realidade imediata.

Os detonadores do pensamento de Maquiavel foram os exemplos buscados no passado clássico ou na própria atualidade renascentista, sendo de se notar, como a característica que explica o seu renome através dos tempos, que ele consegue, partindo do particular, alcançar o universal, partindo do acidental e circunstancial, atingir a essência do político, de tal maneira que sua obra, inserida como se acha num determinado tempo histórico, dele se libera para adquirir um valor de permanência intemporal.

Mas essa validade como que fora do tempo não a isenta, ao contrário, a expõe às mais divergentes interpretações, através dos quatro séculos que medeiam entre o seu aparecimento e a nossa época, como se o processo para definir o seu significado real estivesse sendo permanentemente reaberto e posto em discussão. Como observa Claude Lefort, um dos mais recentes politólogos a tentar uma nova reinterpretação do pensamento maquiavélico:

"o ensinamento de Maquiavel foi travestido em função das necessidades espirituais de cada época ou de cada ideólogo".

São, de fato, numerosas e variadas e, em geral, divergentes, as leituras possíveis da obra do grande florentino, cuja grandeza de pensador reside, sobretudo, na sua capacidade de haver conseguido definir as constantes da ação política, de tal forma que seus livros continuam a nos atrair como repositórios inestimáveis de uma sabedoria política prática, de extrema atualidade para a melhor compreensão da problemática política de nosso tempo.

Parece-me natural e válido que o discurso político de Maquiavel tenha sido diversamente interpretado conforme as diferentes épocas e posições ideológicas de seus numerosos críticos. Este é o destino inevitável das grandes obras do pensamento humano, cuja riqueza criadora lhes confere uma polivalência de significações, que vão sendo descobertas, através dos tempos, em função precisamente das novas necessidades espirituais de cada época histórica e do ângulo de visão de cada intérprete.

Proponho-me, pois, nesta dissertação acadêmica de alcance obviamente limitado, proceder a uma análise sumária do pensamento de Maquiavel, de um ponto de vista contemporâneo, procurando situá-lo no contexto do pensamento político ocidental, indicando, de um lado, o que me parece constituir ensinamentos válidos atuais sobre a *praxis* política, e de outro lado focalizando, de um ângulo humanista e democrático, o que qualificaria de seus aspectos negativos, isto é, a redução da política a um nível puramente técnico e a concepção absolutista do poder do príncipe – posições estas que iriam derivar na "razão de Estado" e no despotismo totalitário, responsáveis pelo flagelo da guerra, pelo submetimento do homem ao Estado e pela violação dos direitos humanos pelo poder político.

Maquiavel se destaca, no Renascimento italiano, pela sua originalidade de haver sido o primeiro pensador político a concentrar sua observação naquilo que é, no comportamento real do *homo politicus*, e não no dever ser do idealismo a que estavam consagrados os tratados políticos normativos da escolástica e as utopias da época.

Não há dúvida de que o realismo de Maquiavel permanece como uma lição válida para a ciência política moderna, na medida em que já não se discute que a ação política deve levar sempre em conta, como condição indispensável de sua eficácia, a realidade da situação em que se desenvolve, e a correlação de forças existentes no momento histórico. O jurisdicismo abstrato, consistente na elaboração de formas políticas idealistas e de constituições modelares, sem apoio nas realidades socioeconômicas da sociedade em questão, de há muito foi desterrado da teoria política moderna. Nesse sentido, Maquiavel foi um precursor do enfoque moderno, pois, até o seu aparecimento, predominavam, no campo do pensamento político, as concepções visionárias, de que estavam ausentes a consideração dos fatos reais e a análise de causa e efeito dos acontecimentos políticos.

Maquiavel veio contrapor o seu realismo às utopias do Renascimento, de Tomas Morus, Tomaso Campanella e Francis Bacon, que imaginaram repúblicas perfeitas, despreocupados de transpor a ponte entre o mundo das ideias e o mundo sensível, herdeiros todos nesse sentido de utopismo platônico.

O Renascimento italiano, desvinculando-se da escola teológica, reata a linha de Aristóteles – o primeiro a examinar o Estado como um fato natural – e começa de novo a encarar a história e a sociedade como fenômenos puramente humanos e naturais. Maquiavel teve o mérito de haver sido um intérprete fiel do espírito renascentista, encarando os fatos sociais e a história como produtos da natureza, e procurando descobrir suas leis e relações. Examinou ele a eficácia que pode ter sobre a sociedade a obra do homem de Estado, sem ocupar-se de juízo de valor ou preconceitos doutrinários, de condenações religiosas ou morais. Seu enfoque realista, analítico, indutivo lançou as bases da ciência política moderna.

Importa assinalar, ademais, nesse confronto entre o pensamento realista de Maquiavel e o pensamento dos utopistas, que o autor de *O príncipe* escreveu profeticamente o breviário da "razão de Estado", no momento histórico em que nascia o Estado moderno, cujos lineamentos fundamentais ele soube prenunciar ao combater o feudalismo, os exércitos mercenários, os poderes políticos das corporações profissionais, o domínio temporal dos papas e a ingerência do papado nos assuntos do Estado, para o qual reivindicou a unidade, a independência e a força.

Segundo Ernst Cassirer, Maquiavel foi o primeiro pensador que teve uma representação completa do que significa o Estado; e acrescenta o filósofo: "ele antecipou pelo seu pensamento o curso inteiro da vida política futura da Europa". Rompendo de forma deliberada e incontestável com a tradição escolástica, Maquiavel destruiu a pedra angular dessa tradição: o sistema hierárquico; e dessa forma soube apreender nas sociedades o jogo das relações de força e movimento que levava o Estado moderno a romper todas as resistências, naturais e espirituais, impostas à sua autoridade. O Estado, continua Cassirer, conquistou sua plena autonomia. O mundo político se separou não somente da religião e da metafísica, mas ainda de todas as outras formas de vida ética e da cultura do homem. O Estado permaneceu num espaço vazio.

Diante desse Estado absoluto, solitário e frio, manipulador de uma técnica política liberada de qualquer compromisso com valores éticos supra-históricos e indiferente aos fins últimos do ser humano, vale indagar qual seria, na concepção de Maquiavel, a posição do homem.

A resposta a esta interrogação, vamos encontrá-la na obra de Francesco de Sanctis, segundo o qual

[...] após haver posto de lado todas as instâncias que transcendem o homem e a natureza, Maquiavel coloca a pátria como fundamento da vida. A missão do homem sobre a terra, seu primeiro dever, é o patriotismo, a glória, a grandeza e a liberdade da pátria.

Trata-se de uma concepção política que, no seu desdobramento lógico, e a história o confirmaria, confere valor supremo à autoridade de Estado, e considera a devoção integral à pátria como finalidade última da vida humana; trata-se de uma concepção política em que se encontra a raiz das ideologias totalitárias, que não reconhecem a existência de valores éticos e jurídicos, superiores à vontade do Estado, e que sejam matrizes dos princípios normativos, destinados a limitar o arbítrio do poder.

Esta é pelo menos a concepção política que podemos deduzir de uma leitura d'*O príncipe*, no qual muitos intérpretes de Maquiavel querem ver um livro com destinação histórica especial, isto é, a doutrinação de um novo líder investido da missão de libertar os Estados italianos da opressão estrangeira e de criar uma nação italiana livre e unificada.

Parece não haver dúvidas de que houve, realmente, da parte de Maquiavel, essa intenção ao escrever o seu famoso livro; mas, do ponto de vista da história do pensamento político, o que mais importa é que, tanto em *O príncipe* como nos *Discursos sobre a primeira década de Tito Lívio*, Maquiavel se mantém estritamente fiel a um paganismo fundamental, que o leva a considerar o Estado como o valor supremo e a justificar todas as ações do príncipe, por mais cruéis e imorais que sejam, desde que necessárias à conquista ou à manutenção do poder.

Quando se diz que a concepção política de Maquiavel é fundamentalmente pagã, quer-se dizer que ele retoma a concepção da Antiguidade clássica, para a qual a noção do indivíduo, como um ser autônomo, dotado de direitos inalienáveis, não existia ainda. Como observa, a propósito, Ernest Barker, ao estudar a teoria política grega:

> [...] o indivíduo e o Estado estavam de tal maneira unidos na sua finalidade moral que se esperava que o Estado fosse capaz de exercer um volume de influência que para nós parece estranho. Tanto para Aristóteles como para Platão, a promoção positiva do bem público é considerada como missão do Estado.

E o helenista Werner Jaeger ensina que, no mundo greco-romano, não se concebia qualquer conflito entre a moralidade pública e a moralidade individual, já que o Estado era então considerado a única fonte dos padrões éticos vigentes, não se concebendo um código moral que não se identificasse com o próprio código da *polis*, pois nenhuma distância era admissível entre o indivíduo e o cidadão.

Coerente com sua admiração pela Antiguidade clássica, Maquiavel também não reconhece que o homem possua direitos naturais anteriores à constituição da sociedade política; ao contrário, diz ele, enquanto em estado de natureza, vive o homem nivelado aos animais irracionais, privado de quaisquer noções do bem e do mal, do justo e do injusto. A moral e a justiça não preexistem ao Estado, mas dele resultam em obediência a condições e exigências sociológicas. Desaparece, dessa forma, qualquer antagonismo entre a moral e a política ou qualquer distinção entre a moral individual e a moral pública, uma vez que, para Maquiavel, ambas coincidem no mesmo objetivo, que é o bem da comunidade.

Na verdade, o conflito ético surge apenas quando determinados objetivos políticos exigem a adoção de medidas que uma consciência moral condena em nome de valores e princípios que transcendem a jurisdição temporal de Estado.

Desde, porém, que preliminarmente se haja definido a moral, como no caso do autor de *O príncipe*, como um fenômeno puramente histórico e social, e lhe atribuído a função utilitária de persuadir o indivíduo a atuar corretamente, identificando o seu bem particular com o bem da comunidade, não se opondo egoisticamente a esta última, mas nela se integrando patrioticamente – desaparece a possibilidade de qualquer condenação ética de ações ou processos considerados necessários à defesa do Estado ou ao bem da pátria. Nessa perspectiva, serão morais todos os atos ou procedimentos manifestamente úteis à comunidade ou ao príncipe que a encarna; imorais, os que só tiverem em vista a satisfação de interesses privados e egoísticos, que conflitem com os interesses da coletividade. A pátria – em consequência o Estado – é, em suma, o pressuposto e o limite da ética maquiavélica, a pátria erigida em valor supremo, que se deve defender ainda que seja "com ignomínia".

> Quando se trata de tomar uma decisão sobre a salvação da Pátria [escreve Maquiavel] não deve caber qualquer consideração nem de justo, nem de injusto, nem de piedoso, nem de cruel, nem de louvável, nem de ignominioso; ao contrário, afastada qualquer outra consideração, deve-se adotar aquela solução que lhe salve a vida e lhe mantenha a liberdade.

Escrevendo a um amigo, dizia Maquiavel, repetindo uma frase de um patriota florentino, "amo a Pátria mais do que a alma..."

Semelhante conceito absoluto da pátria equivalia a proclamar uma concepção de Estado, que não aceitava qualquer limitação interna ou externa à sua ação soberana. Maquiavel, na verdade, cortou todas as amarras de subordinação, teológicas e morais, com que, na Idade Média, o sistema hierárquico do cristianismo limitara o poder temporal, e recusou-se a reconhecer qualquer valor ou direito superior à vontade do Estado, erigindo este último em fonte suprema da justiça e da moral.

Coerente com essa posição, Maquiavel procurou demonstrar a necessidade histórica do despotismo em certas condições sociais. Sua imaginação política não se satisfazia com as pequenas repúblicas da Grécia e da Itália, mas se voltava para a república e o império romanos. Seu pensamento político pretendia ensinar a técnica que devia ser empregada para a formação de um Estado grande e forte, monárquico ou republicano, a cujos interesses tudo devia ser sacrificado. Não via Maquiavel outra maneira, observa Pasquale Villari, para dar às nações aquela unidade e aquela força que, na anarquia de sua época, se haviam constituído em supremas necessidades.

Para reorganizar uma cidade corrupta, para fundar uma nação e constituir um Estado, é necessário, julgava Maquiavel, um legislador como Rômulo, Licurgo ou Sólon. A obra política não se apresentava para ele como um produto histórico impessoal, que caberia ao legislador coordenar e determinar, mas como obra e criação do homem de Estado, do gênio político, capaz de modelar o povo como o escultor modela a sua argila.

Coloquemos Maquiavel, portanto, no seu devido lugar histórico de mestre do realismo político, de técnico do poder político, de defensor do poder absoluto e de admirador dos homens de exceção, aos quais reconhece todos os direitos no exercício de sua autoridade; e procuremos mostrar os limites de seu enfoque puramente realista e técnico, de todo insuficiente para abranger a complexidade da política, que é também teoria e teleologia, isto é, que supõe premissas filosóficas e finalidades éticas.

Não conheço outro autor que tenha analisado com maior lucidez e acuidade a antítese do realismo e do utopismo do que o historiador inglês Edward Hallet Carr. No admirável livro que escreveu sobre o período entre as duas guerras mundiais, *The 20 years' crisis*, Carr aborda aquele tema de forma, a meu ver, tão impecável, que me atrevo a resumi-lo para benefício geral dos estudantes que me ouvem esta noite.

Carr começa por afirmar que o pensamento político é, em si mesmo, uma forma de ação política, e que a ciência política é a ciência não apenas do que é, mas também do que deve ser. A tendência natural do espírito humano, ao aplicar-se a um campo novo, é de início a de orientar-se mais pela imaginação e pelo desejo do que pela fria análise dos fatos. Nos séculos quinto e quarto, antes de Cristo, quando surgem as primeiras tentativas para criar uma ciência política, Confúcio na China e Platão na Grécia, embora fossem influenciados pelas instituições sob as quais viviam, não se preocuparam em analisar a natureza dessas instituições e as causas subjacentes dos males que deploravam. Como os alquimistas medievais, que não se detiveram em estudar a natureza do chumbo antes de tentar transformá-lo em ouro, Platão e Confúcio elaboraram soluções altamente imaginativas, produtos não da análise, mas de suas aspirações mais profundas. Na mesma linha de pensamento se distinguiram Plotino, Morus e Campanella, os socialistas utópicos e a maioria dos ideólogos, que forjaram imaginativamente esquemas visionários de comunidades ideais. Observa Carr que aspirar a uma finalidade superior é um fundamento essencial do pensamento humano. O desejo é pai do pensamento; a teleologia precede a análise. Nas doutrinas políticas sempre predominaram projetos teóricos e solu ções utópicas, mais influenciados pelo fim almejado do que pelo conhecimento dos fatos reais. As posições idealistas, na verdade, têm resistido às maiores decepções e frustrações históricas, demonstrando que há, no espírito humano, uma sede inextinguível de superação da realidade. Edward Carr observa que tal obstinação de idealismo político é natural porque, ao contrário do que ocorre nas ciências físicas, em que a vontade humana não influi nos resultados de uma experiência de laboratório, nas ciências políticas há a crença de que se todos desejassem realmente, por exemplo, "um Estado mundial" ou a "segurança coletiva", tais objetivos do pensamento utópico seriam facilmente alcançados. Só com o tempo se aprende que nenhuma utopia política terá qualquer sucesso a menos que dialogue com a realidade. Utopia e realismo são, portanto, as duas facetas da ciência política. A sabedoria está em manter em equilíbrio os dois planos, não cedendo nem à tentação realista que aceita incondicionalmente a realidade, renunciando a qualquer mudança, nem à tentação utópica de rejeitar a sequência causal, privando-se da possibilidade de compreender seja a realidade que ele está procurando transformar, sejam os processos pelos quais ela pode ser transformada. A ciência política deve basear-se no reconhecimento da interdependência da teoria e da prática, o que só pode ser atingido mediante uma combinação de utopia e realidade.

O discurso político de Maquiavel é, por isso mesmo, unilateral, incompleto e insatisfatório, enquanto se limita a focalizar a *praxis* política, de cujo conhecimento não podemos prescindir, mas que não basta para abranger a totalidade da atividade política.

Julien Freund, que dedicou todo um volume a analisar, do ponto de vista fenomenológico, "a essência do político", adverte, ao concluir sua análise, que a grande falha do pensamento de Maquiavel foi haver encarado a existência humana quase exclusivamente do ângulo da política, abstraindo as outras atividades humanas ou encarando-as unicamente como instrumentos da técnica política. Acrescenta ele:

> Não há dúvida que a política aclara numerosos aspectos da vida, mas esta não lhe está subordinada; ao contrário, não é possível apreender o sentido da política a não ser no contexto global da existência humana. O destino humano transcende inevitavelmente a particularidade das divisões e das unidades políticas. Se o homem não pode se compreender a si mesmo fora da política, esta não se deixa muito menos compreender independentemente da aventura humana que a ultrapassa.

A observação de Julien Freund está a nos indicar que há valores filosóficos supra-históricos, que devem orientar a ação política, assinando-lhe finalidades superiores à crua competição pelo poder; e também que a política ou, mais precisamente, o sistema político não goza de uma autonomia absoluta, como querem os que defendem o seu primado, mas apenas de uma autonomia relativa em relação aos demais sistemas sociais. De fato, são teses reducionistas, igualmente inaceitáveis, o economismo e o ideologismo, que pretendem, seja reduzir a política à economia, seja outorgar total autonomia à política. A realidade social nos ensina que, entre os diferentes fatores que atuam na sociedade – religioso, ético, ideológico, político e econômico – se processa uma interação permanente de caráter dialético, mediante o qual sistemas sofrem reciprocamente influências e pressões altamente sensíveis e, frequentemente, decisivas.

A posição de Maquiavel, de redução da política a uma pura técnica a serviço do poder, seria retomada, no século XVII, por Bacon, Bodin, Hobbes e Spinoza, que louvaram e esposaram a doutrina da separação da ética da política, completando por meios teóricos o que Maquiavel consagrara em nível prático.

Hobbes conceberia o Estado como o Leviatã, cujo império total aniquila toda liberdade individual. Spinoza afirmaria também a primazia do Estado, cuja ética deveria predominar sobre a ética privada. Para o autor do *Tratado teológico-político*, o direito do Estado só encontrava limites no seu próprio poder. E, fiel à sua filosofia monística e panteísta, afirmava que somente a insuficiência do entendimento humano podia escandalizar-se com o conflito entre a política e a moral, uma vez que, observado *sub specie aetternis*, o modo de agir dos Estados manifestava a vontade e a obra de Deus.

No século XIX caberia a Hegel dar uma feição idealista ao *absolutismo* político, ao proclamar o Estado uma entidade moralmente autossuficiente. O Estado hegeliano se afirmava como a própria expressão da moralidade; e só a história, cuja vontade cabe à política cumprir, poderia julgar a ação do homem de Estado.

Maquiavel, observa Maritain, não chegara nunca ao extremo de chamar o bem de mal e o mal de bem; como Hegel, porém, o Estado passa a encarnar a própria ética, sendo descartadas, como estranhas e inadequadas ao processo histórico, as exigências e objeções morais, que pretendam impor restrições ou julgar as ações históricas de alcance universal.

Maquiavel se situa, pois, à raiz de uma concepção política que não reconhece outro limite ao poder do Estado do que um outro poder equivalente ou superior, e que concebe o Estado como uma entidade política secular, dotada de fins próprios, moralmente isolada e soberana, liberado de qualquer laço de subordinação a Deus, ao direito natural ou à Igreja, e que encontra a sua razão de ser tão somente na convicção dos homens de que a autoridade estatal é indispensável para garantir a segurança individual e coletiva.

Semelhante concepção de Estado encontraria em nossa época sua expressão máxima no Estado totalitário, de direita ou de esquerda, justificando a observação de Ernst Cassirer de que:

> [...] o maquiavelismo revelou sua verdadeira face e seu perigo real quando seus princípios foram mais tarde aplicados a um cenário mais amplo e a condições políticas inteiramente novas. Nesse sentido, podemos dizer que as consequências da teoria maquiavélica só se revelaram em nossa época. Diríamos que hoje é possível estudar o maquiavelismo com uma lente de aumento.

O mais grave, porém, a meu ver, é que não encontramos apenas no totalitarismo contemporâneo essa identificação da ética com o Estado, mas também nos próprios Estados, democráticos ou não, os quais se recusam a aceitar instâncias morais ou jurídicas superiores à sua própria soberania, de tal modo que sua vontade é sempre determinante na definição do que consideram seu interesse nacional, em nome do qual todos os meios são legítimos desde que necessários à segurança do Estado.

Não deixa de ser preocupante constatar que, apesar de todo o desenvolvimento do direito internacional, de Hugo Grotio aos mais recentes tratadistas, o Estado nacional resiste a submeter sua vontade soberana aos princípios e ditames jurídicos supraestatais, que procuram delimitar a área de arbítrio do poder político no plano internacional.

Nessas condições, pode-se dizer que a humanidade não conseguiu ainda avançar de forma definitiva no sentido de organizar uma verdadeira comunidade internacional, efetivamente regida por normas éticas e jurídicas que logrem harmonizar os interesses conflitantes dos diferentes Estados e estabelecer bases de justiça econômica, que equilibrem as condições de vida de todas as nações. Além de que prevalecem, na maioria do mundo contemporâneo, condições sociais e econômicas iníquas, escandalosamente contrastantes, as duas maiores potências mundiais detêm atualmente em suas mãos as chaves do poder político, econômico, tecnológico e militar, cujos únicos limites de expansão se encontram no poder equivalente de cada potência.

Nos quatro séculos transcorridos, desde que se perfilou na história o moderno Estado nacional, coexistiram, no pensamento político, o enfoque realista e o enfoque idealista ou utópico, o primeiro acentuando as relações de força existentes nos planos interno e externo dos Estados, e o segundo buscando construir uma ordem jurídica capaz de coibir o arbítrio do poder e impor princípios de conduta à convivência internacional. Mas é forçoso reconhecer que, na realidade, o recurso à ética e ao direito é, sobretudo, hoje em dia, uma arma de defesa ou uma base de reivindicação dos países fracos, cujas causas, por mais justas e legítimas que sejam, só encontram apoio e soluções quando eventualmente seus interesses coincidem com os interesses das grandes potências, monopolizadoras do poder mundial.

É surpreendente verificar que as observações de Maquiavel referentes à política externa dos Estados continuam a apresentar essencialmente uma extraordinária atualidade. Segundo ele, a lei reguladora das relações entre os Estados é a luta, a competição, o choque de interesses e ambições rivais, de tal modo que cada Estado deve estar sempre adequadamente preparado para defender-se da absorção ou aniquilamento por parte de seus vizinhos. Ser-lhe-á inútil pretender isolar-se, manter-se alheio ao jogo político, renunciar a objetivos de engrandecimento e conquista, na esperança de viver em paz dentro de suas fronteiras: será fatalmente arrastado, mais cedo ou mais tarde, a participar da competição pelo poder, pois seus propósitos de paz não serão necessariamente respeitados pela cupidez e agressividade de outros Estados menos pacíficos. Se não se armar para enfrentar a eventualidade de um ataque a seus domínios, estará abdicando do próprio direito de existir. Escreve Maquiavel:

> É impossível que uma república consiga permanecer tranquila e gozar sua liberdade dentro de suas fronteiras: porque, se molestar as demais, será molestada por elas; e daí lhe nascerá o desejo e a necessidade de conquistar.

Não seria o caso de indagar se semelhantes conceitos não poderiam ter sido expressos pelo professor Hans Morgenthau, mestre do realismo político contemporâneo?

Essa persistência histórica da validade do enfoque maquiavélico nos deve levar à conclusão de que Maquiavel, de fato, conseguiu definir as constantes básicas da política de todos os tempos, e que não seria prudente perder de vista o seu realismo fundamental na consideração da política internacional de nosso tempo.

Na verdade, o enfoque idealista ou utópico corre sempre o risco de pecar por excessiva generalização, desconhecendo a diversidade das situações históricas, não levando em conta a especificidade de cada caso particular e a imprevisibilidade de ação política que, como ensinou Maquiavel, "desvela oportunidades que a inércia deixaria ocultas".

A realidade política, interna ou externa, resiste sempre às fáceis teorizações de idealismo jurídico que não tenha o cuidado de procurar soluções específicas para os problemas concretos de cada país ou para determinada crise internacional. Os princípios éticos e jurídicos têm de ser devidamente interpretados à luz das realidades de cada situação para que possam resultar em soluções realmente eficazes. A história universal está repleta de casos em que o moralismo e o legalismo abstratos levaram estadistas eminentes a provar do fruto amargo das grandes frustrações históricas.

Que fique claro, pois, que não é suficiente nem aconselhável recorrer à ética e ao direito para encontrar soluções eficazes para os graves dilemas políticos de nosso tempo, sem relacioná-los com a realidade dos diferentes problemas internacionais e sem levar em conta a correlação de forças de que eles fundamentalmente dependem.

Uma das realidades que não pode ser ignorada quando se aborda o problema da construção de uma verdadeira comunidade internacional, justa e harmoniosa, é o fato de que, conforme ensina Edward Carr, "a lealdade a uma comunidade internacional não é ainda suficientemente poderosa para criar uma moralidade internacional que se sobreponha aos interesses vitais das nações". Vivemos ainda, em que pese a todas as tragédias bélicas que têm sido impostas à humanidade, o ciclo do Estado nacional soberano, que se recusa a aceitar normas éticas e jurídicas de caráter internacional, quando as mesmas ameaçam ou entram em conflito com os seus interesses nacionais, definidos estes em função exclusiva da vontade do Estado.

O liberalismo procurou nos convencer de que existe uma harmonia natural de interesses, seja no plano interno, seja no plano internacional, mas a experiência histórica deixou provado que a harmonização dos interesses individuais ou nacionais é, na realidade, resultado de uma conquista da vontade ética, que interfere na sociedade para criar um equilíbrio entre forças assimétricas, que, deixadas entregues ao livre jogo do poder e da competição natural, conduzem inevitavelmente ao esmagamento ou à exploração da parte mais fraca. Escreve Karl Deutsch:

As ideias da luta pela sobrevivência e a seleção dos mais aptos estão implicadas claramente no pensamento de Maquiavel muito antes de que, no século XIX, Charles Darwin as aplicasse em geral ao reino animal. Nesse sentido, Maquiavel foi o primeiro grande teórico da política do poder.

O objetivo de fazer prevalecer o bem comum da sociedade nacional ou da comunidade internacional – o que supõe sacrifícios e renúncias da parte dos indivíduos e dos Estados em favor da coletividade – corresponde precisamente à necessidade de se superar "o estado de natureza", na acepção de Hobbes, no qual o "homem é o lobo do homem", e a competição nacional e internacional não conhece outro limite que não seja a capacidade de poder de cada indivíduo ou de cada Estado.

A insuficiência do realismo político se acusa de forma marcante nessa constatação de que seu enfoque, limitado à realidade natural, é basicamente estéril, uma vez que não está em condições de contribuir com princípios e valores para a concepção de uma ética universal e para a ideia de direito, sem os quais não teríamos ultrapassado ainda, em qualquer medida, o estado de natureza, nem mesmo no âmbito restrito da sociedade nacional.

Há atualmente, em todo o mundo, a convicção quase unânime de que urge construir uma nova ordem econômica internacional, mais justa e equânime, que leve em conta os interesses dos dois terços subdesenvolvidos da humanidade; ideal este que supõe critérios éticos de justo e de injusto, pois sem eles não teríamos base nem mesmo para qualificar moralmente de desumana e intolerável a atual situação do mundo contemporâneo. Ficaríamos igualmente desarmados de argumentos válidos para reivindicar uma transformação do *status quo* mundial, a fim de obter melhores condições de justiça para a maioria da humanidade, se aceitássemos a realidade empírica das relações de poder como a última instância a que pudéssemos recorrer.

Semelhante exigência de assinarmos finalidades éticas à política se torna particularmente imperativa na atual conjuntura histórica, em que pesa sobre todos nós a trágica ameaça do aniquilamento nuclear. Não fora essa circunstância, o tema das relações entre o realismo e o utopismo, entre a política e a ética, poderia, talvez, ser considerado um tema meramente acadêmico, para dissertações intelectuais, sem maior relevância prática.

Acontece, porém, que confrontamos atualmente algo jamais conhecido: a crise termonuclear, de cuja solução dependerá a própria sobrevivência da humanidade. Armas nucleares de poder devastador cada vez mais total se acumulam hoje nos arsenais das duas superpotências, que se medem e se estudam, calculando as respectivas vantagens estratégicas e negociando reduções táticas de seus armamentos atômicos, com a preocupação básica de manter um nível de equilíbrio do seu poder ofensivo que impeça que qualquer uma delas possa surpreender a outra com um primeiro ataque aniquilador. Um senador norte--americano, ao estudar as características dos sistemas de mísseis MIRV e ABM, observou que a dinâmica implícita nos mesmos

[...] poderá levar a uma condição na qual um primeiro ataque possa parecer vantajoso para um lado ou para o outro, ou para ambos. Se chegarmos a esse ponto [concluía o senador] estou convencido de que a guerra termonuclear será uma certeza muito próxima.

Discute-se abertamente, no momento atual, as vantagens e desvantagens de uma guerra nuclear limitada, e se continua a tomar como fundamento da política de segurança nacional a velha máxima romana: *si vis pacem para bellum*. Calcula-se que o número de vítimas, durante as primeiras horas de um ataque limitado, oscilaria entre dez e 12 milhões de habitantes; e se prevê que a carreira armamentista nuclear, entre os Estados Unidos e a União Soviética, poderá levar eventualmente ao desenvolvimento de uma capacidade de primeiro ataque. Considerando que a capacidade mútua de resposta aniquilatória a um primeiro ataque dependerá de uma decisão tomada quase instantaneamente, a inclusão de seres humanos nesse processo decisório de vida e morte será cada vez mais limitada, em favor das máquinas computadoras e dos técnicos que as programem. Ficará, dessa forma, o futuro da humanidade "na dependência de subsistemas burocráticos cibernéticos, que tendem a outorgar categoria de verdade à sua estrutura ideológica".

A ameaça termonuclear está, assim, conferindo uma dimensão dramática ao problema da decisão, que constitui o núcleo central do processo político. Estamos, na verdade, dependendo, na crucial conjuntura histórica que vivemos, de uma decisão suprema de Estado, como será a que determine qual há de ser o desenlace da atual crise internacional. Nessas circunstâncias dramáticas, é fácil avaliar que importância terá no caso a filosofia política que informará semelhante decisão, da qual dependerá a abolição ou o advento do dia do juízo final atômico.

O sociólogo Raymond Aron, no seu livro sobre Clausewitz, ao analisar as perspectivas da atual confrontação nuclear, se mostra relativamente otimista: confia ele em que a razão prevalecerá no caso, levando as duas superpotências a manter a atual estratégia de dissuasão, evitando chegar a uma decisão final, que poderia significar a hecatombe atômica. Mas não há dúvida de que a determinação de não tomar uma decisão final já constitui em si mesma uma decisão política.

Não há dúvida de que, no que se refere à filosofia política, grandes são as diferenças ideológicas que distinguem e separam as duas superpotências, verdadeiros condôminos do poder mundial. Mas não é menos certo que, no plano das relações internacionais, ambas compartilham a mesma doutrina da soberania absoluta, que consiste em erigir "a razão de Estado" em norma suprema das decisões nacionais.

Mais grave ainda: uma e outra, em consequência das tensões e exigências de segurança da longa confrontação nuclear, estão hoje dominadas por elites tecnoburocráticas, civis e militares, em cujo espírito prevalecem, no que concerne ao processo decisório, cálculos militares realistas e avaliações matemáticas das opções e dos riscos inerentes à atual situação mundial.

Frederico Meinecke, que estudou exaustivamente a ideia da "razão de Estado" na história moderna, traçando a evolução da mesma, de Maquiavel aos pensadores políticos de nossa época, dedicou ao tema reflexões finais, que merecem, a meu ver, especial destaque, nesta tentativa de avaliarmos as perspectivas da humanidade na presente crise internacional.

No seu grande livro sobre o referido tema, Meinecke indica que, reconhecida pelo empirismo dos séculos passados e confirmada pelo historicismo, a "razão de Estado" tornou-se cada vez mais dominante, à medida que se fortalecia o poder do Estado, a ponto de chegar, em nossa época, a ocupar uma posição inexpugnável, como a norma suprema de conduta dos Estados modernos. A tentativa do pensamento ocidental de aplicar o direito natural, como freio ético-jurídico ao poder estatal, não teve maior êxito, permanecendo letra morta nos tratados de direito internacional, incapaz de sensibilizar verdadeiramente os estadistas e sem conseguir deter o processo de hipertrofia da "razão de Estado".

Reconhece Meinecke que a ideia da "razão de Estado" é conatural à arte de governar; que o espírito de potência, o maquiavelismo, no sentido pejorativo tradicional, a violência e a guerra são realidades que jamais poderemos eliminar do mundo, porque pertencem, acentua ele, inseparavelmente, ao lado naturalista da vida do Estado.

Maquiavel, observa Meinecke, valorizou a "razão de Estado" limitada, coerente com sua filosofia monista, que não reconhecia o dualismo ético-político. Acentua o pensador alemão que somente uma concepção filosófica dualista poderá propiciar o controle do poder ilimitado do Estado. Segundo Meinecke, o Estado deve harmonizar a sua conduta com a lei moral universal, ainda que não possa cumpri-la inteiramente, porque a dura necessidade natural o obriga a reincidir no pecado do poder. Só limitando-se e freando o seu instinto natural, violento, agressivo e dominador, pode o Estado utilizar a "razão de Estado" de forma construtiva e duradoura. Entre os fatores éticos e os fatores políticos utilitários deve haver uma permanente interação, que confira, ao mesmo tempo, realismo e moralidade à conduta dos Estados.

O ensinamento de Meinecke deixa claro que o Estado não pode desconhecer seus interesses permanentes e seus objetivos nacionais, e que, em consequência, tem a obrigação de adotar todas as medidas necessárias à sua defesa e segurança; mas, na conceituação de seus objetivos e na escolha dos meios necessários para alcançá-los, deve orientar-se pelos valores éticos e princípios jurídicos que favoreçam uma convivência solidária e mais harmoniosa com os demais Estados.

Um acordo efetivo de desarmamento entre as duas superpotências, o qual afaste realmente o perigo de uma hecatombe nuclear, terá de fundamentar-se, pois, não apenas em princípios de direito, normas éticas e ideias de cooperação pacífica entre as nações, mas também no reconhecimento realista, da parte de ambos os governos, de que a decisão de renunciar ao armamento termonuclear corresponde aos interesses vitais de cada Estado, já que a alternativa sinistra seria a imolação recíproca.

Na atual emergência histórica, ser realista significa acreditar no imperativo político de submeter a "razão de Estado" a finalidades éticas que controlem a expansão natural do poder e limitem os objetivos de dominação das superpotências hegemônicas.

Esta é certamente uma aspiração humana que poderá ser qualificada de utópica, mas o certo é que a humanidade chegou hoje, com a crise termonuclear, a um tal impasse que não há para ela outra alternativa de sobrevivência a não ser empenhar-se em mobilizar todo o rico conteúdo moral do idealismo político, consubstancial à natureza humana, para recriar as bases e finalidades da ação política. A menos que os estadistas das nações mais poderosas se decidam a concertar uma ação comum, para submeter o poder do Estado a valores éticos transcendentes ou racionais, nossa época muito dificilmente escapará de um holocausto global.

Reconhecer, nas atuais circunstâncias históricas, essa verdade não é entregar-se ingenuamente a uma aspiração utópica; é, ao contrário, ser profundamente realista, pois a utopia estaria, no caso, em acreditar que podemos seguir vivendo indefinidamente no fio da navalha do equilíbrio do terror.

Lauro Escorel (1917-2002), nascido em São Paulo, ingressou na carreira diplomática por concurso em 1943 e foi promovido a ministro de primeira classe em 1968.

Como embaixador, serviu na Bolívia, Paraguai, Dinamarca, México e Espanha.

Crítico literário desde a juventude, colaborou em diversas publicações, entre elas, *Correio da Manhã*, *O Estado de S. Paulo*, *A Manhã* e o Suplemento Literário do jornal *O Estado de S. Paulo*, onde escreveu sobre literatura italiana.

Em 1958, publicou pela Editora Simões, Rio de Janeiro, a 1ª edição do livro *Introdução ao pensamento político de Maquiavel*, agora reeditado pela Ouro sobre Azul.

Em 1972, publicou o livro *A pedra e o rio – uma interpretação da poesia de João Cabral de Melo Neto*, pela Duas Cidades, São Paulo, reeditado pela Academia Brasileira de Letras, Rio de Janeiro, em 2001.

Nas edições anteriores deste livro
todas as citações em língua estrangeira
foram feitas pelo autor no corpo do texto.
Nesta edição elas foram traduzidas e as versões
originais transformadas em notas.

Cotejo
Débora Ana

Tradução do italiano
Renato Ambrósio

Tradução do inglês
Silvia Escorel

Tradução do francês
Marie Dominique Grandy

Revisão e Padronização de Texto
Fatima Carone

Projeto Gráfico | Diagramação
Ana Luisa Escorel | Ouro sobre Azul

Preparação das Matrizes para Impressão
Erica Leal | Ouro sobre Azul

Premedia e Impressão
Cromoset Gráfica e Editora Ltda.

Edição original | Simões: Rio de Janeiro, 1958
Segunda edição | UnB: Brasília, 1979

O miolo deste livro foi impresso
em papel Pólen Bold 90g/m²,
e a capa em papel Super 6 Hi-Bulky 250 g/m²,
ambos de fabricação da Suzano, pelo sistema off-set.
O texto foi composto em Minion Pro c. 10 / 14.075
e os títulos em Minion Pro Regular c.a. / c 8

**Este livro segue as normas definidas
pela nova ortografia da língua portuguesa.**

Copyrigth © 2014 herdeiros de Lauro Escorel de Moraes
Todos os direitos desta edição reservados
à FGV Editora e à Ouro sobre Azul Design e Editora Ltda.
ourosobreazul@ourosobreazul.com.br
www.ourosobreazul.com.br
editora@fgv.br
www.fgv.br/editora

CIP-BRASIL | CATALOGAÇÃO NA PUBLICAÇÃO
SINDICATO NACIONAL DOS EDITORES DE LIVROS RJ

E73i

Escorel, Lauro, 1917-2003
Introdução ao pensamento político de Maquiavel | Lauro Escorel | 3. ed.
Rio de Janeiro : Ouro sobre Azul | FGV Editora | 2014 | 344 p. | 16 cm.

Apêndice
Inclui bibliografia

ISBN 978-85-88777-59-0

1. Machiavelli, Niccolò, 1469-1527 | 2. Ciência política.
I. Título.

14-11437   CDD: 320.944
           CDU: 32(44)